九色鹿童书
JIU SE LU TONG SHU

成语

应该这样学②

读古诗词学成语

刘德水◎主编

民主与建设出版社
·北京·

目录

《诗经》

唐代诗词

宋代诗词

明清诗词

前言

成语是一种形式简洁而意义精辟的定型词组或短语，多出于古典典籍、诗词、寓言等。

学习成语，可以积累语言词汇，丰富知识；正确运用成语，可以极大增强语言的表现力、感染力和说服力。为此，我们精选了适合青少年阅读的成语，精心编写了这套《成语应该这样学 2》。

本套共分两册，内容上，我们通过阅读古诗词和寓言故事，不仅可以学习成语，还能让孩子们对成语故事背后的寓意，以及对《诗经》、唐宋等朝代的诗词文化有一定的了解。在板块上，我们增加了一个词典工具的板块，里面有成语出处、释义、近反义词和造句的内容，帮助孩子们对成语做一个基础了解。知识小卡片和作者名片板块，可以扩展孩子的知识面。另外，我们还精心设计了几百款游戏，不仅有分类型、应用型，还有发散思维型等，多角度地激发孩子的思辨能力。

可以说，本套书内容丰富，图文并茂，集知识性和趣味性为一体，让孩子在游戏的过程中轻松掌握成语，玩转大语文。

梦寐以求

关雎

关关雎（jū）鸠（jiū），在河之洲。
窈(yǎo)窕(tiǎo)淑女,君子好(hǎo)逑(qiú)。

参（cēn）差（cī）荇（xìng）菜，左右流之。
窈窕淑女，寤（wù）寐（mèi）求之。

求之不得，寤寐思服。
悠哉悠哉，辗（zhǎn）转反侧。

参差荇菜，左右采之。
窈窕淑女，琴瑟友之。

参差荇菜，左右芼（mào）之。
窈窕淑女，钟鼓乐（lè）之。

出处 《诗经·国风·周南·关雎》

释义 寐：睡梦中。睡觉做梦时也在追求。形容期望迫切。

近义词 朝思暮想 **反义词** 不屑一顾

造句 去北极旅行是我们梦寐以求的事情。

品读诗词

“关关”，指鸟的和鸣声。“雎鸠”，一种水鸟。“洲”，水中的小块陆地。“窈窕”，体态美好的样子。“好逑”，指好伴侣。前四句的意思是：和鸣的雎鸠，栖息在水中的绿洲上。美丽贤淑的女子，是君子的好伴侣。

“参差”，即长短不一。“荇菜”，一种水生植物，可以食用。“寤寐”，醒和睡，即日夜。“悠哉”指忧思不绝。中间八句的意思是：长短不一的荇菜，顺着水流采摘。美丽贤淑的女子，日夜都让人想追求她。追求却无法得到，日夜都在思念她。思来想去，令人**翻来覆去**睡不着觉。

“友”，用作动词，指亲近。“芼”，采摘的意思。最后八句的意思是：长短不一的荇菜，顺着水流采摘。美丽贤淑的女子，要弹奏琴瑟去亲近她。长短不一的荇菜，顺着水流采摘。美丽贤淑的女子，要鸣钟击鼓让她开心起来。

《关雎》是《诗经》的开篇，诗中巧妙地采用了兴而有比的手法，前面以关雎的和鸣，引出“窈窕淑女，君子好逑”的主题，后面以赋的手法铺展开来，形象地描绘了男子在追求美丽贤淑的女子时表现出来的“寤寐思服”“**辗转反侧**”的状态。

知识小卡片

赋、比、兴

赋、比、兴是中国古代根据《诗经》的创作经验归纳出来的诗歌表现手法。“赋”是对事物的直接陈述，通常利用铺陈、排比等形式呈现出富丽、华美的篇章，如汉赋。“比”即比喻，是诗歌创作形象化的主要方式。“兴”是以一个事物开头，触景生情后展开描述，引出所要歌咏的另一个事物，所以又叫“起兴”，如《关雎》中的“关关雎鸠”。

成语游戏

梦中乐园

请在空格处填上适当的文字，把下列有关梦的成语补充完整。

梦＿以＿　梦＿成＿　梦＿生＿

夜＿梦＿　魂＿梦＿　醉＿梦＿

成语接龙

试一试，完成下面的接龙游戏。

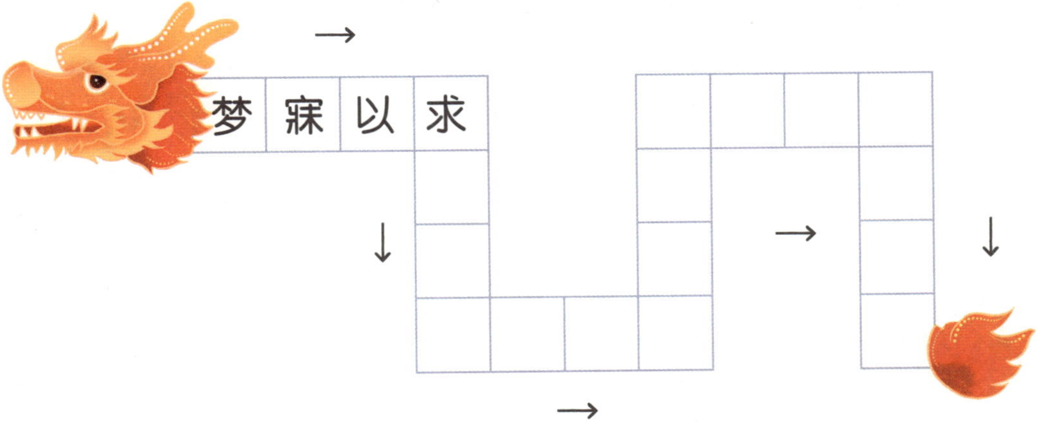

“梦”字成语

想一想，将下列成语补充完整。

如（ ）初（ ）　　痴（ ）说（ ）　　南（ ）一（ ）

黄（ ）一（ ）　　浮（ ）若（ ）　　白（ ）做（ ）

相鼠有皮

相鼠

相（xiàng）鼠有皮，人而无仪。
人而无仪，不死何为？

相鼠有齿，人而无止。
人而无止，不死何俟（sì）？

相鼠有体，人而无礼。
人而无礼，胡不遄（chuán）死！

出处 《诗经 · 国风 · 鄘（yōng）风 · 相鼠》

释义 相：看，视。看看老鼠尚且有皮。指人须知廉耻，要讲礼义。

近义词 相鼠之刺　**反义词** 厚颜无耻

造句 相鼠有皮，我们做人就更不能厚颜无耻了。

品读诗词

整首诗共分三节，每四小句为一节。第一节，“相”，意思是看；“仪”，指端庄的仪态。这四句的意思是：你看老鼠还有皮，人却没有端庄的仪态。人没有端庄的仪态，即便不死又能做什么呢？第二节，“止”，这里指“耻”，即不知廉耻；“俟”，意思是等待。这四句的意思是：你看老鼠还有牙齿，人却不知廉耻。人不知廉耻，不死还在等待什么呢？第三节，“遄”，意思是快速。这四句的意思是：你看老鼠还有身体，人却不懂礼。人不懂礼，还不如快快死去的好！

全诗三节重章叠句，以鼠起兴，反复类比，虽然意思并列，但各自都有侧重。第一节痛斥的是那些不注重仪容仪表的“无仪”之人，第二节痛斥的是那些不讲道德、**寡廉鲜耻**的“无止（耻）”之徒，第三节痛斥的是那些不注重自己言行举止的“无礼”之人。在《诗经》中，有五首提到了“鼠”，本诗是唯一一首对“鼠”进行褒奖的。

知识小卡片

《诗经》

《诗经》是中国文学史上第一部诗歌总集，收录了西周初年至春秋中期的三百多首诗歌。在内容上，诗经分为《风》《雅》《颂》三个部分。《风》指周代各地的歌谣；《雅》分为《大雅》和《小雅》，指周王朝京都地区宫廷宴飨（xiǎng）或朝会时的乐歌，即正声雅乐；《颂》分为《周颂》《鲁颂》和《商颂》，指宗庙祭祀的舞曲歌辞。

成语游戏

看图猜成语

根据图画内容，动动手，将相应的成语填到空白处。

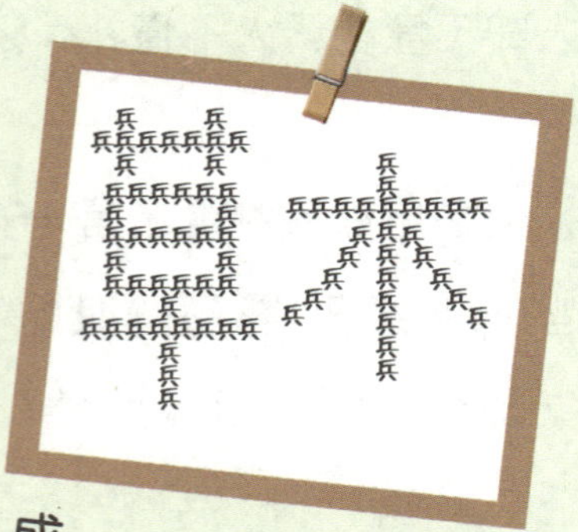

成语：

成语：

成语：

十二生肖乐园

下列成语中隐含着十二生肖，试着将其填写完整！

○卑○险　　沐○而冠　　鹤立○群

○头○面　　相○有皮　　顺手牵○

卧○藏○　　○死狐悲　　画○添足

“鼠”字成语找位置

根据语言提示，动动手，将相应的成语填到方框里吧！

獐头鼠目　　投鼠忌器　　鼠目寸光　　胆小如鼠　　过街老鼠

1. 人人喊打 ………………………… ☐
2. 眼光不长远 ……………………… ☐
3. 胆子非常小 ……………………… ☐
3. 贼头贼脑的样子 ………………… ☐
4. 想打击坏人又有所顾忌 ………… ☐

同仇敌忾

无衣

岂曰无衣？与子同袍。
王于兴师，修我戈矛，与子同仇。

岂曰无衣？与子同泽。
王于兴师，修我矛戟（jǐ），与子偕作。

岂曰无衣？与子同裳。
王于兴师，修我甲兵，与子偕行。

出处 《诗经·国风·秦风·无衣》

释义 同仇：同心协力对待敌人。抱着无比的仇恨和愤怒共同对付敌人。

近义词 勠力同心 **反义词** 同室操戈

造句 面对敌人的时候，我们要同仇敌忾，决不能制造内部分裂和矛盾。

品读诗词

“袍”，指长袍、斗篷，白天可以当衣服穿，夜里可以当被子盖。“王”，指周天子，有的说是指秦国国君。“于”，语气助词，没有实际意义。“兴师”，兴兵，起兵。第一节的意思是：怎么能说没有衣服呢？我愿意和你披同样的战袍。大王要起兵征讨，赶快修好我的戈和矛，我要与你一同战斗。

“泽”，同“襗（zé）”，汗衣，一种贴身衣物。“戟”，古代一种将戈和矛合为一体的长柄兵器。第二节的意思是：怎么能说没有衣服呢？我愿意和你穿同一件汗衣。大王要起兵征讨，赶快修好我的矛和戟，我要与你一同行动。

“裳”，下衣，指战裙。“甲兵”，铠甲和兵器。“行”，往。第三节的意思是：怎么能说没有衣服呢？我愿意与你穿同一件战裙。大王要起兵征讨，赶快修好我的铠甲和兵器，我要与你一同前往。

《无衣》是一首秦地的军中战歌。诗中展现了秦人**舍生忘死**的勇力和气魄，同时也表达了深厚的战友之情，语言质朴、情感真挚。

知识小卡片

戎族

西戎，古代西部民族的泛称，所指对象早期并不明确，活动范围也不局限于西方。最早记载于西周时期，春秋战国时期最为活跃。当时，戎族数量多、分支广，随着列国的兼并战争开始消亡，到两汉时基本消失。作为称呼上的沿用，秦朝曾将匈奴、西羌等部族统称为“戎”，“西戎”成了四夷观念中西方异族的代名词。

成语游戏

十字方阵

在右边的空格内填入适当的字，按箭头所指的方向组成四条成语。快来试试看吧！

反义词成语

请在空格处写出下列成语的反义词。

同仇敌忾 ____

一视同仁 ____

齐心协力 ____

同舟共济 ____

成语兵器谱

动动手，用兵器名把下列成语补充完整。

荷____实____

夹____带____

明____暗____

____林____雨

____拔____张

单____匹马

枕____待旦

鸟尽____藏

自相____盾

当头____喝

杨柳依依

采薇（节选）

昔我往矣，杨柳依依。
今我来思，雨雪霏（fēi）霏。
行道迟迟，载渴载饥。
我心伤悲，莫知我哀！

出处 《诗经·小雅·鹿鸣之什·采薇》

释义 杨柳：古诗文中杨柳通用，泛指柳树；依依：轻柔的样子。古人送行，折柳相赠，表示依依惜别。比喻依依不舍的惜别之情。

近义词 依依不舍 **反义词** 无

造句 清明时节，杨柳依依，古人有“折柳”送别的习俗。

品读诗词

“依依”，指柳条随风摇动的样子。“霏霏”，指雪花纷飞的样子，形容雪下得很大。节选部分的意思是：从前我远离家乡去戍边的时候，杨柳随风轻轻摇动。如今戍边结束回乡途中，大雪漫天纷飞。泥泞的道路让人只能缓慢前行，一路上又渴又饿。我感到非常悲痛，没人能理解我心中的哀伤！

《采薇》是古代一位戍边兵士在服完兵役回乡途中写下的诗篇，具体写作年代已经无法查证。从节选的内容中，我们可以感受到戍边兵士内心深处的情感，感受到时代艰难之下，百姓的不容易。《采薇》主导的情志具有典型意义，它不是在抒发将士的战斗之情，而是以王朝的衰落、外族侵扰为背景，将个人从国家的立场和军事任务中分离出来，通过归途的追述集中表达戍边战士们久戍难归、**忧心如焚**的内心世界，表现出周人对战争的厌恶和反感。

知识小卡片

鹿鸣之什

“鹿鸣之什”是《诗经·小雅》中以《鹿鸣》为第一首诗的十首诗歌的总集。除了《鹿鸣》《采薇》之外，还包括《四牡》《皇皇者华》《常棣》《伐木》《天保》《出车》《杕（dì）杜》《鱼丽》，以及已佚的《南陔》《白华》和《华黍》。

成语游戏

找伙伴

请将下列成语按照意思进行分类，然后填到与之相符的关系中去。

以牙还牙　难舍难分　玉石俱焚　冤家路窄

好朋友

仇人

形影不离　依依惜别　针锋相对　依依不舍

叠字成语家族

动动手，用下列给定的叠字，
将成语填写完整吧！

空空　翼翼　扬扬　翩翩　仆仆　奕奕　非非　旦旦　依依　忡忡　彬彬　鼎鼎

神采____	想入____	文质____	得意____
大名____	杨柳____	风度____	忧心____
小心____	两手____	风尘____	信誓____

成语爬楼梯

请在左边框格中填上适当的字，使每一个台阶都构成一个成语，每一步台阶的字和台阶下的字都是一样的。

						始		不	
						始		终	
				独		其			
				独		偶			
		暗		天					
		暗		明					
杨		依							

他山之石，可以攻玉

鹤鸣（节选）

鹤鸣于九皋，声闻于天。
鱼在于渚，或潜在渊。
乐彼之园，爰有树檀，其下维榖（gǔ）。
它山之石，可以攻玉。

品读诗词

“榖”，指楮（chǔ）树，楮树皮可以造纸，这里用来比喻小人。“攻”，意思是雕刻、加工。节选部分的意思是：白鹤在泥泞曲折的沼泽边鸣叫，声音直达云霄。鱼儿在小洲之间游动，或潜在深渊。我爱这个美丽的乐园，檀树长得高高的，树下有矮小的楮树。其他山上的石头，可以成为我雕刻加工美玉的工具。

出处 《诗经·小雅·鸿雁之什·鹤鸣》

释义 他山：别的山，原写作“它”。别的山上的石头，能够用来琢磨玉器。原比喻别国的贤才可为本国任用。后常比喻借助外力克服缺点或弥补不足。

近义词 三人行必有我师 **反义词** 无

造句 他山之石，可以攻玉，其他人的学习经验，我们也可以学习和借鉴(jiàn)。

《鹤鸣》用比喻的手法，抒发了作者任用贤才的主张。整首诗共两节，这里节选了第二节，诗中用“鹤”“鱼”“檀树”“它山之石”等比喻贤人，并希望这些贤才得到任用。全诗一条意脉贯串，从听觉到视觉，写出了作者的主张和所思所感，结构完整，形成了一幅远古荒野漫游冥思图。尤其诗中衍生出的成语“**他山之石，可以攻玉**”，用于表达学习借鉴他人的成功经验，来弥补自己的不足。

知识小卡片

鹤的象征意义

鹤，体态飘逸、羽毛洁白，翱（áo）翔于高空，喜欢栖息在没有喧嚣的郊野，所以被视为隐逸的象征，受到情志高雅之人的喜爱，也常常被用来比喻隐居的贤者。另外，因为鹤是鸟禽中寿命较长的，便与松树一起，被看作长寿的象征。人们对鹤的尊崇，反映了大众对精神、信仰和人生价值的追求。

成语游戏

“玉石”成语

将下面每行含有“石”或“玉”的成语补充完整。

石			
		石	
	玉		
			玉

对偶成语

像“他山之石，可以攻玉”的八字成语很多，而且有的还是以对偶的形式出现的。请将下列成语的后半句补充完整，使其形成对偶式成语吧！

以眼还眼，____

失之东隅，____

尺有所短，____

近朱者赤，____

一夫当关，____

三天打鱼，____

不入虎穴，____

远在天边，____

十年树木，____

生于忧患，____

八字成语

我国的很多成语中，都包含着深刻的道理。动动手，把下面的八字成语填写完整吧！

一叶障目，不____泰____

千里之行，____于____下

一人传实，万____传____

人无远虑，____有____忧

一言既出，____马____追

塞翁失马，____知____福

高山仰止

车舝（节选）

陟（zhì）彼高冈，析其柞（zuò）薪（xīn）。
析其柞薪，其叶湑（xǔ）兮。
鲜我觏（gòu）尔，我心写兮。

高山仰止，景行行止。
四牡騑（fēi）騑，六辔（pèi）如琴。
觏尔新昏，以慰我心。

出处 《诗经·小雅·甫田之什·车舝（xiá）》

释义 高山：比喻道德崇高；仰：仰慕；止：语气助词；仰止：仰慕，向往。比喻像仰望高山那样，对伟大的人物表示仰慕和崇敬。

近义词 仰之弥高 **反义词** 无

造句 我们越了解伟人的思想，越有种高山仰止的感觉。

品读诗词

“陟”，意思是攀登。“析”，劈。“柞”，是一种树木的名称。古人结婚时劈柴做火把，所以用析薪来代指结婚。“湑”，指树叶柔嫩茂盛。“鲜”，意思是善。“觏”，当读成“媾(gòu)”，婚姻、嫁娶的意思。“写”，同“泻”，表示宣泄忧愁。整节的意思是：登上高高的山冈，劈柴做火把。劈柴做火把，柞树枝繁叶茂。终于与你成婚了，我的忧愁就都消散了。

“止”，与“之”通用。“景行”，指平坦的大道。“騑”，**马不停蹄**的意思。“如琴”，像琴线那样整齐。“昏”，同“婚”。整节的意思是：巍峨的高山让人仰视，平坦的大道任人**纵横驰骋**。驾着四匹马驰骋，缰绳就像琴弦一样整齐。如今与你结婚，我心中深感安慰。

整首诗共有五节，这里节选了最后两节，语言虽**朴实无华**，却感人至深。其中“高山仰止，景行行止”寓意深刻，那令人仰望的高山、平坦宽阔的大道，都表现出主人公此刻愉悦、开阔的心情。

知识小卡片

古代婚俗

西周时，同姓不能结婚，而且男方不求亲，女方不许亲。一般先由男方请媒人上门提亲，再以“三书六礼”迎娶。“三书”，即聘(pìn)书、礼书和迎书；“六礼”是结婚整个过程中的六个礼法，包括纳采、问名、纳吉、纳征、请期和亲迎。

成语游戏

成语填一填

请在下列框格中填上适当的文字，使其能够横向组成成语。

高			
山			
仰			
止			

成语接龙

试一试，完成下面的接龙游戏。

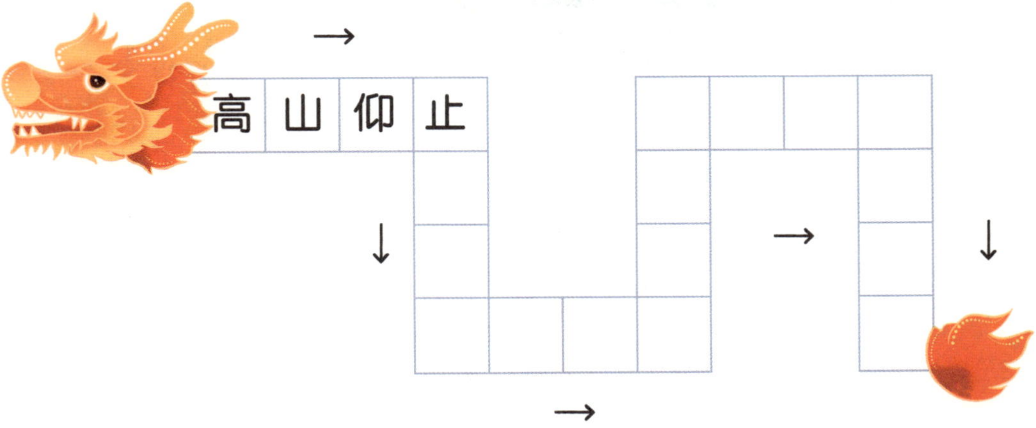

成语归归类

动动手，给下面描写品行的成语分分类吧！

助人为乐
为虎作伥
奉公守法
知恩图报
人面兽心
两面三刀
卑躬屈膝
光明磊落
忘恩负义
高风亮节

好的品行：

不好的品行：

投桃报李

抑（节选）

辟（bì）尔为德，俾（bǐ）臧（zāng）俾嘉。
淑慎尔止，不愆（qiān）于仪。
不僭（jiàn）不贼，鲜（xiǎn）不为则。
投我以桃，报之以李。
彼童而角，实虹小子。

出处 《诗经·大雅·荡之什·抑》

释义 他送给我桃子，我回敬他李子。比喻相互赠送答谢，友好往来。

近义词 投木报琼、礼尚往来 **反义词** 恩将仇报

造句 别人帮助了我们，我们要投桃报李。

品读诗词

“辟”，修明，一说是“法”的意思。“淑”，温和。“愆”，过错，过失。“僭”，僭越，超越本分。“贼”，残害。“则”，规范，榜样。“童”，幼小，这里指还没有长角的羊羔。“虹”，同“讧”，溃乱，祸乱。整节的意思是：修明德行以陶冶情操，使它（情操）高尚又美好。行为谨慎、举止温和，仪容端正有礼貌。不超过本分做事、不残害他人的，很少不被人视为榜样。人家抛来一篮桃，我用李子去回报。说什么羊羔头上长角，其实是在祸乱你周王朝。

“投我以桃，报之以李”，是比喻中的形象，而“彼童而角，实虹小子”是以没有角的羔羊自夸有角的，巧喻平王的昏聩，无疑是**神来之笔**。而由此诗中衍生出来的成语——**投桃报李**，也一直被沿用，比喻礼尚往来。

知识小卡片

卫武公

这首诗的作者是经历周代厉王、宣王、幽王、平王四朝的元老——卫武公。当时卫武公已是耄（mào）耋（dié）之年（八九十岁），他看到自己扶持的平王品行败坏，周王朝政治黑暗，心中忧愤不已，于是写下了《抑》这首哲理诗。

成语游戏

近义词成语

请将下列左右两边意思相近的成语用线连起来吧！

礼尚往来	别具一格
不可救药	得陇望蜀
别开生面	各抒己见
畅所欲言	投桃报李
大相径庭	病入膏肓
得寸进尺	相距甚远

果园里的成语

这里是一个品类俱全的果园，请填写下列成语，看看果园里都有哪些水果！

（　）花带雨　　（　）花春雨

望（　）止渴　　囫囵吞（　）

（　）黄（　）绿　　孔融让（　）

（　）代（　）僵　　投（　）报（　）

送成语去城堡

阅读下列成语，看看哪些成语应该进入阳光城堡（褒义词），哪些进入黑暗城堡（贬义词）。

得过且过　投桃报李　好逸恶劳　自甘堕落

励精图治　宽宏大量

小肚鸡肠　恩将仇报

朝气蓬勃　锲而不舍

物换星移

滕王阁诗

［唐］王勃

滕王高阁临江渚，佩玉鸣鸾罢歌舞。
画栋朝飞南浦云，珠帘暮卷西山雨。
闲云潭影日悠悠，物换星移几度秋。
阁中帝子今何在？槛外长江空自流。

释义 景物改变了，星辰的位置也移动了。形容时序世事的变迁。

近义词 时过境迁、时移世易 **反义词** 一成不变

造句 那些动人的篇章，即便物换星移，还是能在人们心中荡起涟漪的。

品读诗词

“江”，赣（gàn）江。“渚”，江中的小洲。“佩玉鸣鸾”，玉佩和响铃。一、二句的意思是：滕王阁面临江心的小洲，佩玉和响铃的鸣响也随着歌舞的停止而停了下来。

“南浦”，地名，位于今南昌市西南。“西山”，南昌名胜。三、四句的意思是：早上画栋边掠过南浦飞来的云，傍晚时分珠帘卷入了西山的雨。

“日悠悠”，整日悠悠地游荡。五、六句的意思是：悠悠的白云倒映在潭水中，人、事、物都发生了变化，不知道过了几个春秋。

“帝子”，指滕王李元婴。七、八句的意思是：修建滕王阁的滕王现在去哪里了呢？只剩栏杆外的长江水**浩浩荡荡**地奔向远方。

整首诗从时间、空间双重维度，对滕王阁展开吟咏，语言凝练，境界宏大，感慨深远。诗人以滕王阁为联想的起点，发出心中慨叹——人生短暂，世事无常，情感饱满、浓厚，让人不自觉地沉浸其间，共同感受诗人的伤悲。

作者名片

王勃

王勃（约公元650~676年），字子安，绛（jiàng）州龙门（今山西河津）人。他自幼聪慧，早有文名，乾封元年（公元666年）科举及第，曾任朝散郎、沛王府修撰、虢（guó）州参军。王勃诗风格清新，他曾与卢照邻等人试图改变当时“争构纤维，竞为雕刻”的诗风——一种追求华美、堆砌辞藻的诗风。与杨炯、卢照邻、骆宾王并称“初唐四杰”。

成语游戏

成语填一填

动动手，在下面的空格中填上适当的文字，使其能够横向组成成语。

星			
	星		
		星	
			星

日月星辰

请用“日月星辰”几个字将下列成语补充完整。

吉○高照　灿若流○　○明○稀　○新○异

如○中天　生不逢○　○○如梭　众○拱○

时光归类

请根据成语的意思，将下列的成语进行分类，并填到相应的横线上。

经年累月	海枯石烂	千钧一发
沧海桑田	昙花一现	白驹过隙

表示时间短暂：

表示时间漫长：

前无古人

登幽州台歌

[唐]陈子昂

前不见古人，
后不见来者。
念天地之悠悠，
独怆（chuàng）然而涕下！

释义 前人未曾具备或实现的，空前的。

近义词 前所未有、史无前例 **反义词** 史不绝书

造句 我国的定点扶贫项目，是前无古人的伟大事业。

品读诗词

“幽州”，古代郡名，治所在今天的北京大兴。“幽州台”，又叫燕台，相传是燕昭王为了招揽人才而建造的。

“悠悠”，表示时间久远、空间广阔。“怆然”，悲怆的样子。“涕”，眼泪。整首诗的意思是：向前看不到古人，向后看不到来者。想到天地之间的时间如此久远、空间如此广阔，就悲怆地流下眼泪来！

整首诗语言奔放，极富感染力，虽然只有短短的四句，却在人们面前展现了一幅雄浑、浩瀚的艺术画面。诗中没有一个字描写幽州台，只是写了登台的感慨，却成为千古名篇。“前不见古人，后不见来者”的这声感叹，道出了人生短暂的感慨。后两句里，作者感到“怆然而涕下”，这里的感伤与世俗的忧愁不同，这是一种在对事业和人生的执着追求中产生的慨叹。

作者名片

陈子昂

陈子昂（公元 661~702 年），字伯玉，梓（zǐ）州射洪（今属四川）人。陈子昂为开耀进士，敢于陈述时弊，曾以上书论政受到武则天的赞赏，拜麟台正字，转右拾遗（唐代小官）。公元 698 年（圣历元年），陈子昂辞官回乡，不久被县令段简诬陷入狱，最终死于狱中。陈子昂提倡复兴“汉魏风骨”，反对齐梁诗风，是初唐诗歌革新的先驱。

成语游戏

方位词填成语

动动手，用合适的方位词把下面的成语填充完整吧！

○山再起　　死○逃生　　○柯一梦　　泰山○斗

○无古人　　九霄云○　　争○恐○　　甘拜○风

秀○慧○　　○顾○盼

我说你猜

请根据语言描述，选择相应的成语，填在空格内。

汗牛充栋	防微杜渐	数典忘祖
知微见著	越俎代庖	刚愎自用

1 别人怎么说都不听，只相信自己的判断。

2 刚刚出现错误苗头的时候，就要把隐患消除，避免造成严重的后果。

3 书多得都放不下了。

4 超过界限去处理别人的事情。

5 从细微处观察，就能看到事物未来的发展方向。

6 忘记自己的本根，连自己国家的历史都不知道。

更上一层楼

登鹳雀楼

[唐]王之涣

白日依山尽，
黄河入海流。
欲穷千里目，
更上一层楼。

品读诗词

“鹳（guàn）雀”，一种水鸟，形似鹤、鹭。“鹳雀楼”，又名鹳鹊楼，楼高三层，旧址在蒲州（今山西永济）西南黄河边的一座土山上，因为常常有鹳鹊栖息而得名。“白日”，指太阳。“依”，靠近。“穷”，尽。“更”，再。整首诗的意思是：太阳慢慢下落并逐渐靠近山峦，滔滔黄河奔流到大海之中。要想一眼看千里，就得再登一层楼。

诗的前两句虽然用词浅显，但所表现出的场景却气势雄浑。后两句同样**大气磅**（páng）**礴**（bó），但不再局限于景物的直接描写，而是在说：要想看到更广阔的风景，你就要再往

释义 更：再。原指想开阔眼界，就要再登上一层楼，立足于更高的位置。后常用于比喻再提高一步。

近义词 再接再厉　**反义词** 每况愈下

造句 只有不断努力，学习才能更上一层楼。

高处走。看似是在给人看得更广的建议，其实也是在对读者和自己进行劝慰——你想看到人生更多的风景，就要走到人生更高的位置上去。诗中表现了诗人的进取之心，也暗含着深刻的哲理意味。这种纯粹的进取心，能给人以正面的力量，催人奋进，这在历代诗歌中都是**难得一见**的。

作者名片

王之涣

王之涣（公元 688~742 年），字季凌，祖籍晋阳（今山西太原），后移居绛郡（今山西新绛），做过衡水主簿和文字尉，为官清正。王之涣曾游历边地，他的诗以描写边疆风光著称，多被乐工作曲后进行歌唱。他豪放不羁（jī），常常击剑悲歌，是唐代著名边塞诗人之一。《全唐诗》存诗六首。

成语游戏

数字成语

在下列方格中填上适当的文字，让框格中的内容横向组成成语。

一			
	二		
		三	
			四

			八
		七	
	六		
五			

五字成语

读一读，试着将下列五字成语补充完整。

人（ ）地不（ ）　　一（ ）不（ ）返　　真（ ）不（ ）相

民（ ）食为（ ）　　物（ ）稀（ ）贵　　十（ ）磨（ ）剑

空（ ）套白（ ）　　高（ ）不（ ）寒　　更（ ）一（ ）楼

成语送祝福

请从给定的成语中，选择恰当的祝福语放到适合的场合后面。

白头偕老　再接再厉　招财进宝　生意兴隆　福寿绵绵　永结同心　前途无量　日进斗金　百年好合　福如东海　寿比南山　更上一层楼

结婚祝福

新店开业

考试嘉奖

长辈过寿

一片冰心

芙蓉楼送辛渐

［唐］王昌龄

寒雨连江夜入吴，
平明送客楚山孤。
洛阳亲友如相问，
一片冰心在玉壶。

成语应该这样学②

读古诗词学成语

参考答案

似曾相识

十字方阵

无(动于衷) 无(地自容) 无(关痛痒) 无(牵无挂) (答案不唯一)

开心连线

开诚——布公；单枪——匹马；背水——一战；丰富——多彩；事半——功倍 (根据对应成语在文中连线)

成语“社交场”

1.似曾相识 2.素昧平生 3.一见如故

浓妆淡抹

反义词成语

神采奕奕——无精打采；春风满面——愁眉苦脸；高瞻远瞩——鼠目寸光；拐弯抹角——直截了当；万古流芳——遗臭万年 (根据对应成语在文中连线)

反义填字大比拼

(弱)肉(强)食 思(前)想(后) 改(邪)归(正)
(阳)奉(阴)违 开(天)辟(地) 深(入)浅(出)
(左)顾(右)盼 积(少)成(多) 弄(巧)成(拙)
(古)往(今)来 虎(头)蛇(尾) 柳(暗)花(明)
(先左右，再上下)

景点成语

1.成语：淡妆浓抹；景点：西湖
2.成语：庐山真面；景点：庐山

悲欢离合

情绪大比拼

1.欣喜若狂 2.睚眦必报 3.悲欢离合 4.同仇敌忾

反义词成语

是非曲直 阴晴圆缺 轻重缓急 (答案不唯一)

对对子

酸甜苦辣 席地而坐 落井下石 笑里藏刀

庐山真面

地名成语

(四平)八稳 (大同)小异 (邯郸)学步 (长治)久安

找错字，出成语

1.新 → 心 随心所欲 2.水 → 石 石破天惊
3.日 → 月 日新月异 4.侮 → 悔 追悔莫及
5.间 → 问 问心无愧

释义 冰心：清澈纯洁的心。比喻恬然淡泊，不热衷于功名。也比喻心地纯洁。

近义词 一片丹心 **反义词** 利欲熏心

造句 他一片冰心，不为名利、地位所惑，将一生都奉献给了教育事业。

品读诗词

“芙蓉楼”，唐代润州（今江苏镇江）西北角的城楼。

“连江”，雨水与江面汇成一片，形容雨水很大。“吴”，指江苏镇江一带，在古代先是属吴，后来属楚。这首诗中的“吴”“楚”为互文。“平明”，天刚亮的时候。“客”，这里指辛渐，诗人的朋友。“楚山”，楚地的山。一、二两句的意思是：寒凉的雨，连夜与江水在吴地汇成一片，天亮送别你之后，只留下楚山的一片孤影。

“冰心”，像冰一样纯洁、明净的心。“玉壶”，品行像玉做的壶一样高洁。三、四两句的意思是：到洛阳之后，如果亲友向你问起我来，就请转告他们，我的心仍旧像玉壶里的冰那样纯洁、明净。

首句为诗歌的感情基调做了环境铺垫——寒雨连江夜。次句用“楚山孤”喻指人孤独，委婉地凸显出一种不可言说的孤苦。紧接着，由“孤”字自然牵引出两句临别叮咛，诗人以冰心玉壶自喻，向友人表达了自己的深情。尤其是最后一句，千百年来，成了多少人内心**不言而喻**的解说，也成为后世人追求的信念和境界——心如冰雪般洁白、人如玉壶般高洁。

作者名片

王昌龄

王昌龄，字少伯，擅长七绝诗，以边塞诗最为出名，有“诗家夫子”“七绝圣手”之称。开元十五年（公元 727 年）中进士，授秘书省校书郎。开元二十二年（公元 734 年），参加博学宏词科考试，授汜水县尉，后来又先后被贬为江宁县尉和龙标县尉。安史之乱时，惨遭亳州刺史闾丘晓所杀。有《王昌龄集》。

成语游戏

看图猜成语

根据下列图画的提示，猜出正确的成语。

成语：

成语：

成语：

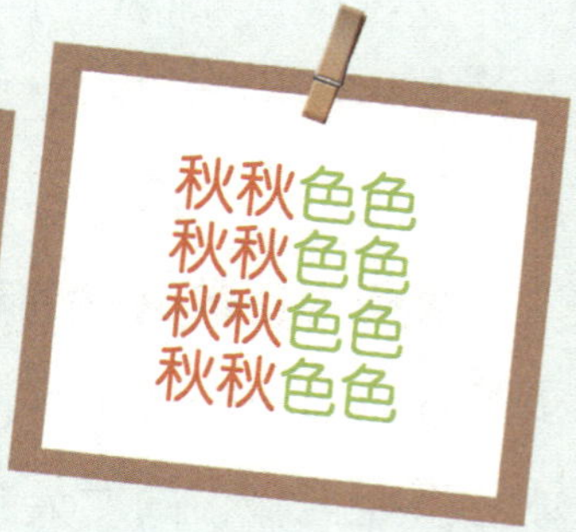

成语：

成语回环

在下列正方形的方框中填入适当的文字，使其能够按箭头方向组成成语。

知			一
	→		
	↑	↓	
	←		
冷			心

成语加减法

试着补全下列的成语，使等式左右两边成立。

（ ）霄云外 ＋ （ ）帆风顺 ＝ （ ）全十美

（ ）长两短 ＋ （ ）平八稳 ＝ （ ）上八下

（ ）面楚歌 ＋ （ ）分五裂 ＝ （ ）面玲珑

（ ）片冰心 ＋ （ ）湖四海 ＝ （ ）神无主

（ ）仙过海 ＋ （ ）望无际 ＝ （ ）牛一毛

万里长征

出塞

[唐]王昌龄

秦时明月汉时关，
万里长征人未还。
但使龙城飞将在，
不教胡马度阴山。

释义 万里：数量词，形容非常远；长征：远征。指非常远的征程。也比喻遥远而艰难的征程。

近义词 千山万水 **反义词** 一步之遥

造句 学习的道路是很漫长的，中考只是万里长征中的一步而已。

品读诗词

《出塞》，是乐府《横吹曲》的旧题。此诗为即景怀古诗。“万里长征”，指在万里之外戍边。“但使”，只要。“龙城”，地名，又称卢龙城，在今河北喜峰口一带。“飞将”，指汉代名将李广，他**骁勇善战**，匈奴称其为“汉之飞将军”，也有说是指卫青。此处泛指边塞名将。“胡马”，代指北方少数民族。“阴山”，在今内蒙古中部。

整首诗的意思是：仍旧和秦汉时期的明月和边关一样，但是万里之外戍边的人至今还没有回来。只要有卫青和李广那样的边关大将在，一定不会让胡人踏过阴山。

在秦代、汉代中原强大的时期，因为有卫青、李广等无数骁勇善战的边关大将，胡人才一次次被打退而无法踏足中原，家国才得以兴盛安康。在《出塞》这首诗中，我们能够感受到作者王昌龄对卫青、李广这样的大将的渴慕，以及他**忧国忧民**的家国情怀。

知识小卡片

李广和卫青

李广（？~公元前 119 年），字号不详，西汉时期名将，秦朝名将李信的后代。卫青（？~公元前 106 年），字仲卿，汉朝名将，其姐卫子夫是汉武帝的宠妃。两人均擅长骑射，且多次与匈奴展开战斗，为保卫汉朝江山立下汗马功劳。

成语游戏

“万”字方阵

在下列方阵中填上适当的文字，让每一行都成为一个成语。

万			
	万		
		万	
			万

行军作战

请在空白处填入适当的文字，将下列有关行军打仗的成语补充完整。

兵（ ）将（ ）	速（ ）速（ ）	破（ ）沉（ ）
偃（ ）息（ ）	百（ ）不（ ）	草（ ）皆（ ）
退（ ）三（ ）	擒（ ）擒（ ）	背（ ）一（ ）
纸（ ）谈（ ）	出（ ）不（ ）	投（ ）断（ ）
声（ ）击（ ）	腹（ ）受（ ）	将（ ）就（ ）

我说你猜

根据提示猜一猜，把相应的成语填在横线上吧！

1. 最荒唐的演奏 ______
2. 最反常的气候 ______
3. 2，4，6，8，10 ______
4. 2，3，4，5，6，7，8，9 ______

青梅竹马

长干行·其一（节选）

［唐］李白

妾发初覆额，折花门前剧。
郎骑竹马来，绕床弄青梅。
同居长干里，两小无嫌猜。

释义 青梅：青的梅子；竹马：当马骑的竹竿。形容小儿女天真无邪，一起游戏。指男女幼年间的亲密情谊。

近义词 两小无猜　**反义词** 素昧平生

造句 他俩从小青梅竹马，感情深厚，所以不会随意闹别扭。

品读诗词

《长干行》，属于乐府中的《杂曲歌辞》调名。“长干”，地名，地处秦淮河南岸，靠近长江的地方。全诗是对商妇的各个生活阶段的描写，这里截取了其中幼年时期的场景，展现了一幅男女儿童**天真无邪**的游戏场景。

“妾”，古代妇女的自称。“剧”，游戏。“竹马”，孩子们玩游戏时当马骑的竹竿。“床”，井栏。“弄”，玩。“长干里”，地名，今南京市。这六句的意思是：我小时候头发刚刚盖过额头，就和你一起在门前摘花玩。你骑着竹马赶来，把弄着青梅，绕着井栏相互追逐。我们一起居住在长干里这个地方，从小就彼此相熟、毫无猜忌。

唐朝时期，经济贸易一度繁荣，出生在商人家庭的李白，自然能够细致地感受商人家庭中的温情。这首诗中，诗人站在商人妻子的角度，通过回忆幼年时期自己与丈夫嬉笑玩闹的场景，深刻地表达了对丈夫的思恋之情。由此诗引申出来的成语——“**青梅竹马**”和“**两小无猜**”至今仍在沿用。

作者名片

李白

李白（公元 701 ~ 762 年），字太白，号青莲居士。唐代伟大的浪漫主义诗人，被后人誉为“诗仙”。与杜甫并称“李杜”。青少年时期的李白醉心剑术，曾执剑行侠仗义，自称“十五好剑术，遍干诸侯”（出自《与韩荆州书》，意思是十五岁爱好剑术，拜访了许多地方长官）。代表作有《望庐山瀑布》《行路难》《蜀道难》《将进酒》等。

成语游戏

岁寒三友

松、竹、梅为“岁寒三友”，历来深受人们的喜爱。请用“岁寒三友”将下列成语补充完整。

（　）柏之志　　（　）报平安　　罄（　）难书　　踏雪寻（　）

成（　）在胸　　望（　）止渴　　鹤发（　）姿　　（　）苞（　）茂

色彩乐园

用合适的颜色把下面的成语补充完整。

（　）梁一梦　　唇（　）齿（　）

（　）云直上　　心如死（　）

（　）袍加身　　灯红酒（　）

（　）气东来　　阳春（　）雪

看图填成语

用一个成语形容图中两个人物之间的关系。

答案：

长风破浪

行路难三首（其一）

［唐］李白

金樽（zūn）清酒斗十千，玉盘珍羞直万钱。
停杯投箸（zhù）不能食，拔剑四顾心茫然。
欲渡黄河冰塞川，将登太行雪满山。
闲来垂钓碧溪上，忽复乘舟梦日边。
行路难，行路难，多歧路，今安在？
长风破浪会有时，直挂云帆济沧海。

出处 《宋书·宗悫（què）传》："悫年少时，炳问其志，悫曰：'愿乘长风破万里浪。'"

释义 趁着风势，破浪前进。比喻志向远大，不怕困难，奋勇前进。也指飞速地航行。

近义词 披荆斩棘、一往无前 **反义词** 缩手缩脚、望而却步

造句 我们小的时候一定要努力学习，将来长大了才能长风破浪，实现自己的理想。

品读诗词

《行路难》，乐府旧题《杂曲歌辞》调名，内容多描述世道艰难或悲伤离别。本诗主要抒发了**怀才不遇**的情怀，诗中悲愤却不乏豪迈气概，失意却仍怀有希望。

"金樽"，古代盛酒用的酒器。"斗十千"，一斗酒值十千钱（即万钱），形容酒好价格高。"直"，同"值"，价值。"箸"，筷子。前四句的意思是：金樽中的美酒一斗价值十千钱，玉盘里的美味佳肴价值万钱。放下手中的筷子，没心情继续吃，拔出宝剑环顾四周，内心无比茫然。

"碧"，一说"坐"。中间四句的意思是：想渡黄河，冰雪却封冻了河川；想登太行山，大雪却覆盖了高山。姜太公在渭水边悠闲地垂钓，遇到文王；伊尹梦见乘舟经过太阳边后，受聘于商汤。

"长风破浪"，比喻政治理想的实现。"云帆"，船帆。船航行时，天水相接，船帆好像出没在云雾之中。最后四句的意思是：人生道路难，人生道路难，道路纷繁复杂，如今的大道在何方？相信会有**乘风破浪**的时候，到时必定扬帆远渡于沧海之间。

知识小卡片

伊尹

伊尹，名伊，夏末商初人，尹是官名。中华厨祖。相传他的父母都是奴隶。伊尹历事成汤、外丙、仲壬、太甲、沃丁五代君主，尊号“阿衡”，辅政五十多年，为商朝兴盛富强立下了汗马功劳。

成语游戏

乘风破浪

下列都是带风和浪的成语，请将其补充完整。

（ ）风（ ）浪	风（ ）浪（ ）
（ ）风（ ）浪	风（ ）浪（ ）
（ ）风（ ）浪	风（ ）浪（ ）
（ ）风（ ）浪	风（ ）浪（ ）

成语T台

在空格内填入恰当的字，使每行每列组成一个成语。

长		破			
		沉			
	刻		求		
		见		思	

成语分分类

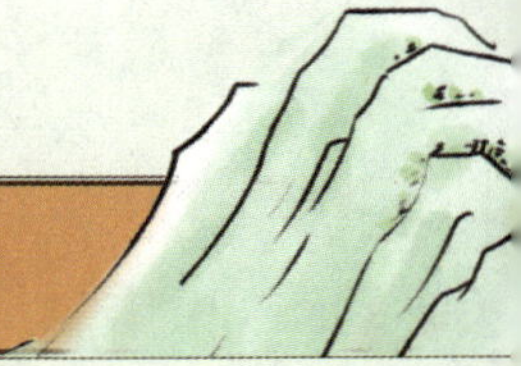

请将下列成语按照意思进行分类，并把成语填写到相应类别后。

悬梁刺股　不务正业　矢志不渝　锲而不舍　自暴自弃　闻鸡起舞

玩世不恭　推三阻四　长风破浪　得过且过　勤能补拙　坐以待毙

鼓舞励志：

颓废消极：

万籁俱寂

题破山寺后禅院

［唐］常建

清晨入古寺，初日照高林。
曲径通幽处，禅房花木深。
山光悦鸟性，潭影空人心。
万籁此都寂，但余钟磬音。

释义 籁：从孔穴里发出的声音；万籁：自然界万物发出的声响；寂：静。一切声音都没有了。形容环境非常寂静。

近义词 鸦雀无声 **反义词** 人声鼎沸、沸反盈天

造句 这是一个万籁俱寂的夜晚，美丽的星星眨了眨眼睛，像是在和我们打招呼。

品读诗词

“破山”，位于今天的江苏常熟。“寺”，即兴福寺，位于常熟虞山北麓（lù），是南齐郴（chēn）州刺史倪德光施舍宅园改建的，在唐代已经算是古寺了。本诗是作者游寺后题写在墙壁上的诗歌，相当于一个读后感。

“初日”，初升的太阳。“高林”，此处指寺院周围的树林。“禅房”，僧房。前四句的意思是：清晨走入这座古老的寺院，初升的太阳照在寺院周围的树林间。弯弯的小路通向幽深处，禅房掩映在花木深处。

“万籁”，泛指各种声音。后四句的意思是：美丽的山中风光使飞鸟更加欢快，清澈的潭水使人心更加空明、沉静。此时此刻，万物都沉默了，只剩下敲钟击磬的声音。

本诗的主体是游破山寺，从游览的过程中，获得心灵上的感受，所以作者将破山寺的**山光水色**都设置在清幽的氛围中，不管是照耀在树林之间的“初日”，还是澄澈、空明的“潭影”，都和破山寺一起，与人的心灵连接在了一起。整首诗笔调古朴，意境浑融，历来被奉为盛唐山水诗中的名篇。

作者名片

常建

常建，生卒年不详。开元十五年（公元727年）与王昌龄同榜进士，曾任盱（xū）眙（yí）尉。后来，因为仕途失意，他隐居于鄂州武昌（今属湖北）。他的诗多为五言，也有部分边塞诗，常以山林、寺观为题材，诗歌灵慧雅秀、轻隽（juàn）幽玄，在当时颇受推重。有《常建诗集》一卷，《全唐诗》录其诗一卷。

成语游戏

成语连线题

请把下列左右两边意思相反的成语用线连接起来。

山穷水尽	冰雪聪明
多如牛毛	人声鼎沸
万籁俱寂	柳暗花明
恍然大悟	寥若晨星
呆若木鸡	大惑不解

改错字

动动脑，找出下列成语中的错别字，把它写在后面的方框内吧！

百敢交集	呆若目鸡	反璞归真	不径而走
直言不绘	去为存真	既往不究	豆寇年华

诗词成语

补充下面的诗句，并在波浪线上写出含有的成语。

1. ________，但余钟磬音。

2. 捐躯赴国难，________。

3. ________，直挂云帆济沧海。

斜风细雨

渔歌子

［唐］张志和

西塞山前白鹭飞，
桃花流水鳜（guì）鱼肥。
青箬（ruò）笠（lì），绿蓑衣。
斜风细雨不须归。

释义 形容春天烟雨迷蒙的景象。

近义词 和风细雨 **反义词** 狂风暴雨、疾风骤雨

造句 斜风细雨的江南总是给人一种温润、柔和、清新的感觉。

品读诗词

在古代词曲名称中，小曲称“子”。“渔歌子”，原来是唐代教坊的曲名，后改为词牌名，又叫作“渔父”“渔父乐”，大概属于民间传唱的渔歌。该词物象分明，意境了然，神韵非凡，受到了许多文人雅士的喜爱。

“西塞山”，山名，位于今浙江吴兴西面。“鳜鱼”，江南又称其为桂鱼，是一种肉质鲜美的淡水鱼。“箬笠”，箬叶、竹篾（miè）编织成的斗笠。“蓑衣”，草或粽叶编制成的雨衣。“不须”，不一定要。整首诗的意思是：西塞山前，白鹭自由自在地飞翔，江岸上桃花盛开，江水中肥美的鳜鱼欢快地**游来游去**。头戴青色的斗笠，身穿绿色的蓑衣，在斜风细雨之中垂钓，都不想着回家了。

此词仿佛描绘了一幅山水画，在秀丽的水乡风光和理想化的渔人生活中，寄托了作者爱自由、爱自然的情怀。而头戴“青箬笠”、身穿“绿蓑衣”的渔人，那淡泊从容、任性自在的生活态度，犹如陶渊明的**世外桃源**，不知戳中了多少仕途中人的情怀，寄托了多少人的精神追求，让人产生无限的向往之情。

作者名片

张志和

张志和（公元732～774年），字子同，初名龟龄，号玄真子。他三岁能读书识字，六岁能做文章，十六岁明经及第，先后任翰林待诏、南浦县尉等职。后来有感于宦海风波、人生无常，在母亲和妻子相继去世之后，便弃官离家，浪迹江湖。著有《玄真子》《大易》等，在诗词、道学、天文学方面对后世产生了不小的影响。

成语游戏

成语爬楼梯

请在右边的框格中填上适当的字，使每一个台阶都构成一个成语，每一步台阶的字和台阶下的字都是一样的。

							不		衷
					不		而		
					不		睛		
			过		不				
			过		睛				
	风		无						
	风		雨						

多变气象

请将下列含有天气词汇的成语补充完整。

□调□顺　　阳春白□　　□淡□轻　　狂□暴□

□驰□掣　　□中送炭　　□闪□鸣　　□空万里

雨的等级

读一读下列成语，并将它们进行排序。

（提示：找出关键字很重要哦！）

大雨滂沱　　斜风细雨

狂风暴雨　　风雨交加

＿＿＿ < ＿＿＿ < ＿＿＿ < ＿＿＿

寸草春晖

游子吟

［唐］孟郊

慈母手中线，
游子身上衣。
临行密密缝，
意恐迟迟归。
谁言寸草心，
报得三春晖。

释义 草：指小草；春晖：春天的阳光，比喻父母的恩惠。比喻儿女难以报答父母的恩惠。

近义词 反哺之私　**反义词** 六亲不认

造句 父母之恩，犹如寸草春晖，我们应该用心予以报答。

品读诗词

一、二两句的意思是：慈母手中拿着针线，为即将远行的儿子赶制新衣。这里通过“线”和“衣”这两件常见的物品，将“慈母”和“游子”紧密地联系在一起，写出了母子之间相依为命的感情，以及母亲对孩子的爱。

三、四两句的意思是：临行前母亲一针针细密地缝着衣服，担心孩子很久之后才能归家。这两句诗从母亲的动作描写到心理描写，深化了骨肉亲情。

前面四句采用白描手法，没有进行任何修饰，但是慈母的形象**跃然纸上**，真切感人。

“寸草”，指小草。“寸草心”，是用小草的嫩芽来象征儿女的孝心。“三春”，旧时称农历正月为孟春，二月为仲春，三月为季春，合称“三春”。这里表示春天。“三春晖”，意思是春天灿烂的阳光，指慈母之恩。五、六句的意思是：谁说儿女小草嫩芽般微小的孝心，报答得了母亲春日阳光般的母爱。这两句诗直抒胸臆，点破题旨，令人读完之后产生共鸣，深感母爱的伟大。

整首诗语言清新淳朴，感情饱满，诗味醇（chún）美，所以，千百年来广为传颂。

作者名片

孟郊

孟郊（公元 751 ~ 814 年），字东野，湖州武康（今浙江德清）人。孟郊早年隐居嵩（sōng）山，近五十岁时才中了进士，后任溧阳县尉。与韩愈交谊颇深。他生性孤高耿直，不媚世俗，一生穷困潦倒，所以诗中常常感伤自己寒苦艰难的人生遭遇。他遣词造句尽量避免平庸浅率，追求瘦、硬。与贾岛齐名，有“郊寒岛瘦”之称。

成语游戏

成语拼一拼

请根据例子，将成语补充完整。

例：寸步难行—草长莺飞—寸草春晖

○才兼备—○抬贵手—○○望重　　○流浃背—○到功成—○○功劳

○全其美—○兴而归—○○俱伤　　○尽弓藏—○无伦次—○○花香

○天酒地—○繁叶茂—○○招展

读诗句，写成语

很多成语都出自古诗文，请根据提供的句子，写出对应的成语。

1. 既得陇，复望蜀 →
2. 飞鸟尽，良弓藏 →
3. 昼短苦夜长，何不秉烛游 →
4. 冰雪净聪明，雷霆走精锐 →
5. 郎骑竹马来，绕床弄青梅 →
6. 同居长干里，两小无嫌猜 →

走马观花

登科后

［唐］孟郊

昔日龌（wò）龊（chuò）不足夸，
今朝放荡思无涯。
春风得意马蹄疾，
一日看尽长安花。

释义 走：跑。骑在跑着的马上看花。比喻匆忙地不深入细致地观察事物。

近义词 囫囵吞枣、不求甚解 **反义词** 明察秋毫、一丝不苟

造句 他只在恐龙博物馆走马观花地转了一圈，当然不了解恐龙相关的知识了。

品读诗词

“登科”，又叫作登第，指封建社会中参加科举考试考中进士，登上科举之榜。这首诗描写的是主人公**金榜题名**之后的喜悦心情。

“龌龊”，指处境不如意或思维受限。“放荡”，**无拘无束**的意思。“思无涯”，指心情愉悦。“疾”，疾驰，飞快。整首诗的意思是：过去的不如意都不值一提了，今天无拘无束心情好。舒爽的春风中，志得意满的我纵马疾驰，仿佛一天就能看尽这长安的**似锦繁花**。

作者及第时已经四十六岁了，经过无数岁月的寒窗苦读，他终于一跃龙门，从此走入仕途，可以一展抱负了，于是按捺不住满心的欢喜，将心境化作这首别具一格的小诗。

诗中由作者化身出来的主人公，登科后的“**春风得意**”，感染了无数读者，连“走马看花”也有了特定的情绪表达，而由此逐渐演化出的两个成语——“春风得意”“**走马观花**”也流传了下来，被广泛应用到日常生活当中。尤其是诗的最后两句，情与景会，笔到意到，将诗中主人公**神采飞扬**的样子**酣畅淋漓**地表现了出来。

知识小卡片

唐朝的科举

唐代的科举分常举、制举两种。所谓常举是指每年分科举行的科举；制举是指由皇帝临时下诏举行的科举。按唐制，进士考试在秋季举行，发榜则在下一年春天。

成语游戏

花瓣拼成语

请试着将下面花瓣上面的字体部分组装起来，拼成一个成语。试着去拼一下吧！

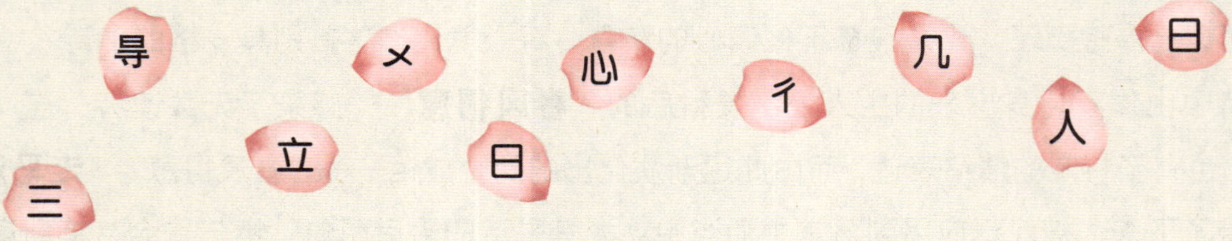

成语：

看图猜成语

仔细观看下面的图，猜猜图中说的是哪个成语。

成语：

隐藏成语

下列诗文都暗含着成语，动脑想一想，并把它写在右边的横线上。

欲觉闻晨钟，令人发深省 ________

人有悲欢离合，月有阴晴圆缺 ________

等闲识得东风面，万紫千红总是春 ________

柔情似水，佳期如梦，忍顾鹊桥归路 ________

娉娉袅袅十三余，豆蔻梢头二月初 ________

人面桃花

题都城南庄

［唐］崔护

去年今日此门中，
人面桃花相映红。
人面不知何处去，
桃花依旧笑春风。

品读诗词

这首诗的前两句是追忆，后两句抒发情感。整首诗意思是：去年今天的这道门中，女子娇美的容貌和艳丽的桃花交相辉映。如今再来这里，女子不知道去哪里了，桃花却依旧迎着春风绽放。

在这首诗中，包含一前一后两个相同的场景，一个是人花相映的场景，一个是桃花依旧而人却不再的场景，这两个场景相互映照、相互对比，返照出诗人这两次寻遇春景时心境的

释义 指所爱慕而不能再相见的女子，多用于无缘再见的伤感的意境中。

近义词 人去楼空 **反义词** 长相厮守

造句 从前人面桃花相映红，如今物是人非，再也找不回曾经的岁月了。

不同，同时也强化了故事性。

在这首诗之后，“**人面桃花**”这个由两个名词组成的成语被赋予了一种美妙、浪漫的气息，时常应用到美妙又遗憾的人生际遇当中。

作者名片

崔护

崔护（？～公元 831 年），字殷功，蓝田（今属陕西）人。贞元十二年（公元 796 年）进士及第。太和三年（公元 829 年）为京兆尹，同年为御史大夫、广南节度使。他的诗风凝练、婉丽，语调清新。《全唐诗》中存诗六首，其中《题都城南庄》流传最广。

成语游戏

人物对对碰

请为下面左侧的人物找到对应的成语，试着连一连吧。

将军	青黄不接
庄稼	梅妻鹤子
嫦娥	人面桃花
故人	南征北战
林逋	碧海青天

拼花名

读一读，试着将下列成语补充完整，
看看其中蕴含着哪些花朵！

蟾宫折（　）　　舌绽（　）（　）

蕙质（　）心　　人面（　）（　）

春兰秋（　）　　出水（　）（　）

望（　）止渴　　（　）（　）一现

成语谜语

请根据下列谜面，写出对应的谜语。

1. 谜面：人面桃花相映红	谜底：
2. 谜面：两个黄鹂鸣翠柳	谜底：
3. 谜面：不识庐山真面目	谜底：

庄周梦蝶

锦瑟

[唐] 李商隐

锦瑟无端五十弦，一弦一柱思华年。
庄生晓梦迷蝴蝶，望帝春心托杜鹃。
沧海月明珠有泪，蓝田日暖玉生烟。
此情可待成追忆，只是当时已惘（wǎng）然。

出处 《庄子·齐物论》："昔者庄周梦为胡蝶，栩栩然胡蝶也，自喻适志与！不知周也。俄然觉，则蘧（qú）蘧然周也。不知周之梦为胡蝶与，胡蝶之梦为周与？周与胡蝶，则必有分矣。此之谓物化。"

释义 不知道是庄周做梦变成了蝴蝶呢，还是蝴蝶做梦变成了庄周。

近义词 庄生梦蝶　**反义词** 无

造句 小明经历了许多坎坷，付出了巨大的努力，实现梦想那一刻，他恍然产生一种庄周梦蝶的错觉。

品读诗词

“瑟”是一种跟古琴相似的弦乐器，漆了花纹之后，人们称之为“锦瑟”。“柱”，瑟上用来支弦的木块。“华年”，美好的青春时光。“庄生”，战国人庄周。前四句的意思是：瑟没有缘由地有五十根弦，一弦一柱都让我想起了那些美好的青春时光。庄周做梦分不清蝴蝶和自己，望帝将思慕之情寄托在杜鹃哀切的啼鸣之中。

“珠有泪”，传说海中有鲛（jiāo）人，鲛人落泪，泪滴可以化作珍珠。“蓝田”，地名，位于现在的陕西，盛产美玉。“只是”，正是的意思。后四句的意思是：明月照耀的沧海中鲛人落下珍珠泪，太阳照耀的蓝田中美玉朦胧生烟。此种感情、此种景象总会令人产生无限追忆，（就是）在当时也已经让人怅惘不已了。

在诗中，作者通过追忆自己的青春年华，伤感自己不幸的遭遇，寄托了悲慨、愤懑的心情。诗中大量用典，运用联想与想象，将听觉的感受转化为视觉形象，创造了一种朦胧的境界。全诗词藻华美，含蓄深沉，情真意长，感人至深。

作者名片

李商隐

李商隐（约公元 813~ 约 858 年），字义山，号玉谿生，祖籍怀州河内（今河南沁阳），出生于郑州荥阳。李商隐为开成进士，虽曾任县尉、秘书郎和东川节度使判官等职，但政治生涯坎坷，因为牛李党争被人排挤，潦（liáo）倒终身。他富有诗才，约有六百首诗歌流传下来，录入《唐诗三百首》的就有二十余首。和杜牧合称“小李杜”，与温庭筠合称“温李”。

成语游戏

填成语

在下列空格内填入正确的字，使其组成完整的成语，并回答问题。

庄周梦□　千□万□　□长□多　五□八□　沧□桑□

以上成语，除了庄周梦蝶，还有哪一个出自李商隐《锦瑟》？□

看图填成语

猜猜下图中说的是哪个成语。

成语：

蝴蝶乐园找成语

下图的蝴蝶身上隐藏着一个成语，
用你的火眼金睛挑出来吧！

成语：

碧海青天

嫦娥

[唐] 李商隐

云母屏风烛影深，
长河渐落晓星沉。
嫦娥应悔偷灵药，
碧海青天夜夜心。

品读诗词

“嫦娥”，传说中后羿的妻子，因偷吃灵药，飞升成月宫中的仙子。

“云母屏风”，用云母石装饰制作的屏风。月宫清冷，连屏风都是云母石制作的。“长河”，银河。“夜夜心”，指嫦娥每晚都会感到孤单。整首诗的意思是：透过装饰着云母的屏风，烛影渐渐地暗淡下去。银河渐渐沉没，晨星渐渐消失。嫦娥恐怕也懊悔偷吃了灵药，面对碧

释义 碧绿的海，蓝色的天。形容水天一色，旷远无边。

近义词 无　**反义词** 无

造句 我们一家在大海边度过了一个快乐的周末，那里碧海青天，风景如画。

海蓝天日夜思念着人间。

在这首诗中，诗人将嫦娥面对**碧海青天**、长河星辰的状态和心理都描写了出来，带着一种浓重的伤感之美。在古代，对很多仕途之中的人而言，他们和嫦娥的区别，只是一个在天宫、一个在人世，一个偷吃了灵药、一个追求了缥（piāo）缈（miǎo）的仕途或价值而已，但都同样孤苦寂寞、凄清冷淡，内心的苦没有地方可以诉说，也没有人可以倾诉。李商隐这首诗通过嫦娥的心境所引发的共鸣，就是诗歌艺术的美和价值所在。

知识小卡片

嫦娥奔月的传说

“嫦娥奔月”是中国上古时代的一个神话传说故事，讲述了嫦娥因被逄蒙所逼，无奈地吃下了西王母赐给丈夫后羿的一粒不死之药，然后飞到了月宫的事情。“嫦娥奔月”的神话源自古人对星辰的崇拜，据现存文字记载，最早出现于《淮南子》等古书。

成语游戏

成语找错字

小猪猪写字的时候总是粗心大意，老把字写错。
请你找出它写错的字，帮助它纠正过来吧！

大才小用		碧海晴天	
投棋所好		可见一般	
穿流不息		相形见拙	
披星带月		半途而费	

成语对对碰

将下列意思相近的成语连接起来吧！

安分守己	循序渐进
暗箭伤人	独树一帜
安之若素	含沙射影
按部就班	随遇而安
标新立异	循规蹈矩

成语接龙

试一试，完成下面的接龙游戏。

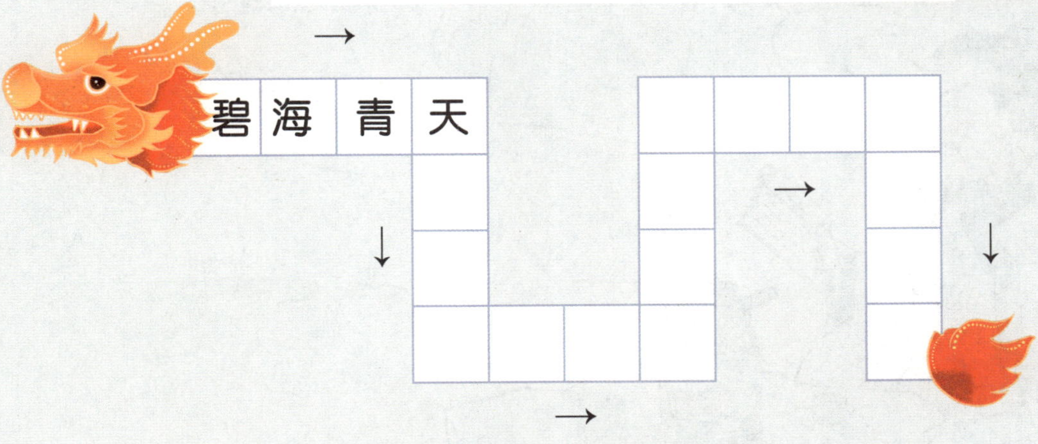

一寸光阴一寸金

白鹿洞二首（其一）

［唐］王贞白

读书不觉已春深，
一寸光阴一寸金。
不是道人来引笑，
周情孔思正追寻。

释义 一寸光阴：指日影移动一寸，形容很短的时间。形容时间极其宝贵，必须珍惜。

近义词 一刻千金 **反义词** 蹉（cuō）跎（tuó）岁月

造句 只有懂得一寸光阴一寸金的道理，才不会产生得过且过的思想。

品读诗词

“白鹿洞”，在今江西庐山五老峰南麓的后屏山南，是一块青山环抱的平地。

“春深”，意思是到了暮春时节。“道人”，指白鹿洞的道人。“周情孔思”，指周公、孔子所传递的精深的教义。“追寻”，深入探索。整首诗的意思是：专心读书，**不知不觉**到了暮春时节，一寸光阴像一寸黄金一样珍贵。要不是道人来引你笑起来，你还在周公、孔子的精深奥义中探索呢。

作者在白鹿洞读书时，每天都过得紧张而充实，不知不觉中，春天就要结束了。时间之宝贵，堪比黄金。而“**一寸光阴一寸金**”，就是作者给后人留下的不朽格言，它警醒众人要抓住时间学习、工作，好好生活，不要白白浪费掉大好的光阴。

当时，还有一个道人，他会在诗人读书读得忘记时间的时候，来到这里提醒他。正因为道人的到来，诗人才从周公和孔子的思想世界中走出来，还被道人逗得笑起来。可见，诗人是一个惜时如金、潜心求知的人，他的这种精神也值得后人所学习。

作者名片

王贞白

王贞白（公元 875 ~ 958 年），字有道，号灵溪，信州永丰（今江西广丰）人。乾宁二年（公元 895 年）登进士，天复二年（公元 902 年）授职校书郎。在登第授职的七年中，他随军出塞，抵御外敌，写下许多边塞诗。他的诗气势豪迈、色彩浓烈、音调铿（kēng）锵（qiāng），有《灵溪集》七卷。其名句“一寸光阴一寸金”至今广为流传。

成语游戏

比一比

请将下列成语补充完整，然后再用“>”“<”“=”比比大小。

独（ ）一帜		百（ ）齐放
翻（ ）越岭		海枯（ ）烂
鼠目（ ）光		垂涎三（ ）
决胜（ ）（ ）		（ ）（ ）迢迢

量词填成语

在下列空格中填入适当的量词，使成语保持完整。

乐不可（ ）	醍醐灌（ ）	长（ ）大论	花（ ）招展
形单影（ ）	（ ）峦叠嶂	剑拔弩（ ）	羽（ ）纶巾

多字成语

我们常见的成语一般都是四字成语，其实还有五字成语、六字成语等多字成语，而且很多都是大家耳熟能详的。尝试填一填吧！

五字成语

名		见		传
欲		则		达
物		稀		贵

七字成语

树		静		风		止
天		有		天		老
身		曹		心		汉

六字成语

以		变		万	
出		泥		不	
神		知		不	

八字成语

己		不	，勿		于		
明		栈	，暗		陈		
宁		玉	，不		瓦		

暗香疏影

山园小梅

［宋］林逋

众芳摇落独暄（xuān）妍（yán），占尽风情向小园。
疏影横斜水清浅，暗香浮动月黄昏。
霜禽欲下先偷眼，粉蝶如知合断魂。
幸有微吟可相狎（xiá），不须檀板共金樽。

释义　形容梅花的香气和姿态。也指代梅花。

近义词 无　**反义词** 无

造句　虽然百花已经凋零，但暗香疏影的梅花让公园生出一种别样的美。

品读诗词

《山园小梅》选自《林和靖诗集》，《宋诗纪事》题作《梅花》。

“暄妍”，形容梅花明媚艳丽。“疏影”，梅花枝叶交错的样子。“黄昏”，光线不强，月色朦胧，与上句“清浅”相对，有双关含义。前四句的意思是：百花凋落后只剩下梅花明媚艳丽的影子，占尽了小园的风光。枝叶交错的梅花倒映在浅浅的水中，清幽的芬芳浮动在朦胧的月色之中。

“霜禽”，白色羽毛的禽鸟。“偷眼”，偷看。“合”，应该。“断魂”，失魂。“狎”，赏玩。“檀板”，奏乐时打拍子用的小板，此处泛指乐器。后四句的意思是：白色羽毛的禽鸟想下来就先偷看一眼梅花，蝴蝶要是知道梅花的美艳也会**失魂落魄**。还好我有幸可以吟诵它、亲近它，不用拍着檀板唱着歌，喝一杯美酒就可以欣赏它。

整首诗描绘了一幅绝美的水边月夜梅花图，梅花娇艳明媚地在**百花凋零**之后绽放，在月影之中暗香浮动，表达了作者对梅花的赞美和钦佩。

作者名片

林逋

林逋（公元 967 ~ 1028 年），字君复，终身不仕、不娶，因为爱种梅养鹤，称“梅妻鹤子”。林逋自幼刻苦好学，通晓经史百家，早年浪游江淮之间，后来回杭州隐居孤山二十年。林逋的诗，诗风淡雅清远，但随就随弃，不爱留存。天圣六年（1028 年）去世，宋仁宗赐谥“和靖先生”。

成语游戏

名字学问

许多家长给孩子取名字，喜欢从成语中取一两个字来用。下面，根据人名提示，将成语补充完整吧！

苏明镜——明镜○○

杜鹏程——鹏程○○

焦若愚——○○若愚

林余音——余音○○

吴疏影——○○疏影

王玉洁——○○玉洁

丁慧中——○○慧中

姜明月——○○明月

成语爬楼梯

请在下列框格中填上适当的字，
使每一个台阶都构成一个成语。

						同		共	
						同		可	
				情		得			
				情		茂			
		消		匿					
		消		殒					
暗		疏							

“影”字成语

请将下列成语补充完整。

（ ）香（ ）影　　（ ）影（ ）形

（ ）竿（ ）影　　（ ）影（ ）随

（ ）弓（ ）影　　（ ）影（ ）吊

（ ）风（ ）影　　（ ）影（ ）踪

（ ）光（ ）影　　（ ）影（ ）怜

近水楼台

断句

［宋］苏麟

近水楼台先得月，
向阳花木易为春。

出处 宋·俞文豹《清夜录》:“范文正公(范仲淹)镇钱塘，兵官皆被荐，独巡检苏麟不见录，乃献诗云:‘近水楼台先得月，向阳花木易逢春。’文正荐之。”

释义 在靠近水边的楼台上，能先见到月亮。比喻因条件优越，能优先得到好处。

近义词 靠山吃山　**反义词** 鞭长莫及

造句 因为在图书馆工作，他总能近水楼台，先借到很多新书。

品读诗词

苏麟的这首诗因为只有两句，所以题为《断句》。“近水”，靠近水。“花木”，花草树木。这两句诗的意思是：靠近水的楼台能先看到月亮的影子，面向阳光的花草树木最容易蓬勃发展，形成春天的景象。

后来，这两句诗慢慢流传开来，形成了“**近水楼台**”这个成语。只是在使用过程中，近水楼台有了些贬义，通常还被用来讽刺那些利用某种便利率先牟利的情况。

作者名片

苏麟

苏麟，北宋诗人，生卒年均不详。据说苏麟为人处世很好，许多人都得到过他的推荐和提拔，接受过他的关心和帮助，都对他很崇敬。关于他，比较著名的就是他与范仲淹之间的故事，这两句诗就是他写给范仲淹的。

成语游戏

二龙回环

请在下列圆圈中填入适当的文字，从“水”字开始，顺时针形成闭环的成语接龙。

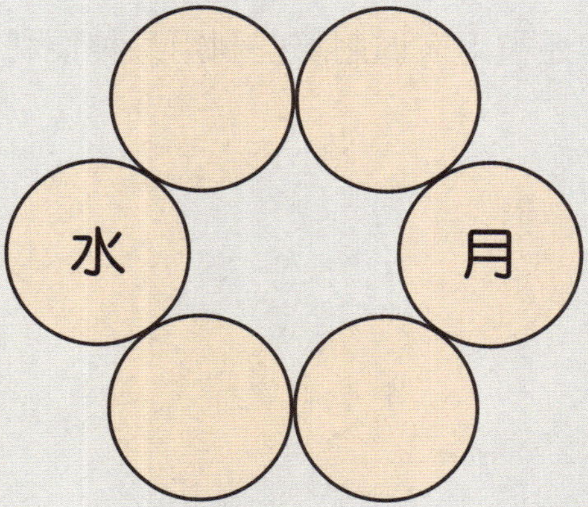

“水”字成语

请在括号中填入适当的文字，将下列有关水的成语补充完整。

水（ ）火（ ）	（ ）水（ ）深	（ ）泥（ ）水
水（ ）船（ ）	（ ）水（ ）鱼	（ ）鱼（ ）水
水（ ）一（ ）	（ ）水（ ）薪	（ ）山（ ）水
水（ ）歌（ ）	（ ）水（ ）流	（ ）山（ ）水

成语对对联

对联是中国特有的文学形式，请用成语补齐下列对联。

（　　　）催人老，日月如梭趱少年

良言一句三冬暖，（　　　）六月寒

（　　　）疑无路，（　　　）又一村

忍一时（　　　），退一步（　　　）

似曾相识

浣溪沙

[宋]晏殊

一曲新词酒一杯，去年天气旧亭台。夕阳西下几时回?
无可奈何花落去，似曾相识燕归来。小园香径独徘徊。

品读诗词

诗歌一般是一句一句连接起来的，通常不分段。但词是分段的，一段又叫一片或一阕(què)。“浣溪沙”属于唐教坊曲名，分上、下两片。

“一曲”，一首。“新词”，刚填的词。“旧亭台”，过去的亭台楼阁。上片的意思是：听一支刚填好的词曲、喝一杯美酒，还是去年一样的天气、去年一样的亭台。西落的夕阳什么时候才能回来?

“燕归来”，春天燕子从南方飞回来。“香径”，伴着花香的园中小道。下片的意思是：花儿的凋落总让人**无可奈何**，燕子归来的场景年年都有。只能独自在伴有花香的园中小道上徘徊留恋。

释义 好像之前见过。形容见过的事物再次相见。

近义词 一见如故 **反义词** 素昧平生

造句 看到这个人，他有种似曾相识的感觉！

上片叠印时空，在杯酒词曲之间，“去年”的天气和亭台与此刻交汇，引发了变与不变的哲学思考和精神感受；下片借助景物描写，将感伤的心情放到环境当中——花开花落本来是很自然的事情，但加上感伤的情绪之后，就变得“无可奈何了”。最后，“小园香径独徘徊”，更加直白地展现出主人公踌（chóu）躇（chú）的情绪。

作者名片

晏殊

晏殊（公元 991 ~ 1055 年），字同叔，谥元献，世称“晏元献”。晏殊七岁就能撰写文章，于景德二年（1005 年）以神童应召试，赐同进士出身。仁宗时官至同中书门下平章事，兼枢密使，名臣欧阳修、范仲淹、富弼等都是出自他的门下。其诗属于“西昆体”，词风上继承了五代冯延巳（sì），音韵和谐，闲雅有情思。有《珠玉词》三卷。

成语游戏

十字方阵

在右边的空格内填入适当的字，使箭头所指方向的字能组成四字成语。快来试试看吧！

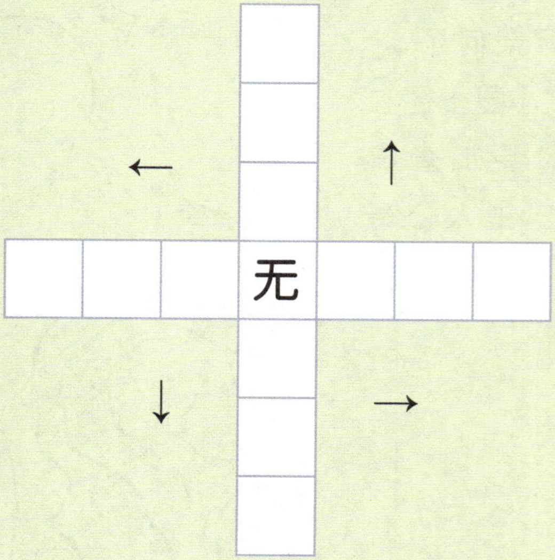

开心连线

请将下列左边和右边能组成成语的词语用线连起来。

开诚	多彩
单枪	一战
背水	功倍
丰富	匹马
事半	布公

成语“社交场”

阅读下面的句子，猜猜对应的成语。

1. 好像与某人在哪里见过。　成语：

2. 与某人从未见过。　成语：

3. 与某人初次见面就像老朋友一样。　成语：

淡妆浓抹

饮湖上初晴后雨

[宋] 苏轼

水光潋（liàn）滟（yàn）晴方好，
山色空蒙雨亦奇。
欲把西湖比西子，
淡妆浓抹总相宜。

品读诗词

“湖”，此处指西湖。“饮湖上”，在西湖上饮酒。本诗描述了美丽的西湖风光，咏叹了西湖美丽的景致。

“潋滟”，波光闪动的样子。“方”，正。“空蒙”，缥缈、迷蒙的样子。“西子”，西施，又名夷光，越国美女。“相宜”，适合。整首诗的意思是：天气晴朗时，西湖水中波光荡漾，一切都刚刚好，烟雨迷蒙时，山中云雾缥缈、朦胧，也别有一番趣味。让人想把西湖比作美人西施，不管是浓妆还是淡妆都显得非常自然。

释义 妆：妆饰；抹：涂抹。淡素和浓艳两种不同的妆饰。

近义词 浓妆淡抹 **反义词** 素面朝天

造句 她浓眉大眼、皮肤白皙，淡妆浓抹都很好看。

诗人在西湖上饮酒，看到水面**波光粼粼**、山色空灵迷蒙，便欲把西湖比作美女西施，说西湖就像西施一样，淡妆、浓妆都很合适。

在这首诗中，作者运用对比手法，将西湖的美展现得**淋漓尽致**，让它具有了超越时间的艺术生命。直到今天，在人们的心目中，西湖仍旧犹如在世西施，使**湖光山色**因之生色。

作者名片

苏轼

苏轼（1037～1101年），字子瞻，号东坡居士，与父亲苏洵、弟弟苏辙并称“三苏”，同属于“唐宋八大家”。苏轼曾任凤翔府签判，因“乌台诗案”于元丰二年（1079年）被贬为黄州团练副使。苏轼工书画，他的诗题材广泛，诗风清新豪健，词开豪放一派。有《东坡易传》《东坡乐府》等。

成语游戏

反义词成语

请用线条，将下列意思相反的成语连接起来。

神采奕奕	遗臭万年
春风满面	直截了当
高瞻远瞩	愁眉苦脸
拐弯抹角	无精打采
万古流芳	鼠目寸光

反义填字大比拼

下列每组成语空格中的字都是一组反义词。约一个小伙伴，动动手，看谁填得快吧！

（ ）肉（ ）食	思（ ）想（ ）	改（ ）归（ ）
（ ）奉（ ）违	开（ ）辟（ ）	深（ ）浅（ ）
（ ）顾（ ）盼	积（ ）成（ ）	弄（ ）成（ ）
（ ）往（ ）来	虎（ ）蛇（ ）	柳（ ）花（ ）

景点成语

读下列诗句，写出对应的成语和景点。

1. 欲把西湖比西子，淡妆浓抹总相宜。 成语：（ ） 景点：（ ）

2. 不识庐山真面目，只缘身在此山中。 成语：（ ） 景点：（ ）

悲欢离合

水调歌头

［宋］苏轼

丙辰中秋，欢饮达旦，大醉，作此篇，兼怀子由。

明月几时有？把酒问青天！不知天上宫阙，今夕是何年。我欲乘风归去，又恐琼楼玉宇，高处不胜寒。起舞弄清影，何似在人间。

转朱阁，低绮（qǐ）户，照无眠。不应有恨，何事长向别时圆？人有悲欢离合，月有阴晴圆缺，此事古难全。但愿人长久，千里共婵娟。

释义 悲伤和欢乐，别离和团聚。泛指人生的各种遭遇和各种心情。

近义词 喜怒哀乐 **反义词** 破镜重圆

造句 电视剧里经常有悲欢离合的场景，看了让人不免落泪。

品读诗词

这是一首广为传诵的中秋望月怀人之作，诗中表达了对胞弟苏辙的无限怀念。

“丙辰”，即宋神宗熙宁九年（1076年）。“达旦”，早晨。“子由”，苏轼的弟弟苏辙，字子由。这一句交代了写作的时间和原由，意思是：丙辰年的中秋节，愉快地喝酒直到次日早晨，喝到大醉，写了这首词，同时借此怀念弟弟苏辙。

“天上宫阙”，指月宫。“琼楼玉宇”，美玉砌成的楼宇，指想象中的月中仙宫。上片的意思是：明月何时出现的？（我）端着酒杯仰问青天！不知天上的宫殿楼台，今夜是哪一年。我想乘风回到天上，又怕美玉砌成的宫殿**高高在上**，让人耐不住清寒。在月下**翩翩起舞**，与自己的清影为伴，哪里比得上在人世间。

“低绮户”，月光移入绘彩雕花的门窗。“婵娟”，指代明月。下片的意思是：月亮转过朱红色楼阁，夜深时，月光又低低地透进雕花的门窗里，照着**心事重重**不能安眠的人。月亮既圆，便不应该有恨了，但为何常常要趁着人们离别时圆呢？人的遭遇有**悲欢离合**，月亮也有阴晴圆缺，这种情况自古难以周全。只愿我们都健康常在，虽远离千里，也能共同欣赏这美丽的月色。

知识小卡片

词前小序

学习了古诗词后，偶尔会在一些词前看到一小句或一小段非正文形式的内容，这就是“序”。这个序的作用主要是交代了作者做这首诗词的经过和目的，也就是背景。

成语游戏

情绪大比拼

读一读下列的成语，将其填入到对应的句子中。

悲欢离合	欣喜若狂	睚眦必报	同仇敌忾

1. 她是一个______的人。
2. 听说了这个消息后，他______。
3. 人的遭遇有______，月亮也有阴晴圆缺。
4. 看到大家如此地______，他边喊着口号，边流下泪来。

反义词成语

根据举例找出规律，并试着写三个成语。

例：悲欢离合

1.

2.

3.

对对子

根据所给成语，对出对应成语。

悲欢离合		拍案而起	
含沙射影		急中生智	

庐山真面

题西林壁

［宋］苏轼

横看成岭侧成峰，
远近高低各不同。
不识庐山真面目，
只缘身在此山中。

释义 庐山：在江西，是我国的名山之一。庐山的真实面目。比喻事情的真相或人的本来面目。

近义词 真相大白 **反义词** 改头换面

造句 经过修复，破旧的古画终于露出了它的庐山真面。

品读诗词

“题”，题写。“西林”，西林寺，位于江西庐山北麓。《题西林壁》是一首题写在西林寺的墙壁上的游览诗，诗中文辞充满意趣，又富有哲理意味。

“横看”，从东面或西面看。“侧”，侧面。“不识”，不能辨识。“缘”，因为。整首诗的意思是：从正面看是**连绵起伏**的山岭，从侧面看是高高耸立的山峰，不管从远处、近处、高处、低处看，都会呈现不同的样子。之所以看不清庐山真正的样子，是因为还身处庐山之中。

苏轼笔下的庐山，可以看成他身处的政治旋涡，而“不识庐山真面目”正是身处政局的现状，表明了**当局者迷**的困境。

本诗通过写景阐述人生哲理，主要并非为了抒情，而是在启发诗人自己也启发读者进行思考。所以，“不识庐山真面目”被人们用来反复琢磨和体会人生感受，而“只缘身在此山中”成为诗人给后世人醒目的答语。

知识小卡片

庐山

庐山，位于我国江西九江，主峰汉阳峰海拔1474米，有冈岭26座、壑谷20条、岩洞16个、怪石22处、瀑布22处、溪涧18条、湖潭14处，其中三叠泉瀑布的落差达155米。九江一直处于水上交通要道，行路人一般都会在此歇脚。庐山“奇秀甲天下”，自然成为文人雅士登高抒怀、题诗留画作赋的地方。

成语游戏

地名成语

请用地名，将下列成语补充完整。

		八	稳
		小	异
		学	步
		久	安

找错字，出成语

请仿照例子，把下列诗句中的错字找出来，并写出一个含有正确的字的成语。一起动脑试一试吧！

例：不识庐山真头目，只缘身在此山中。

头→面　　　　别开生面

1 谁言寸草新，报得三春晖。

2 远上寒山水径斜，白云生处有人家。

3 近水楼台先得日，向阳花木易为春。

4 嫦娥应侮偷灵药，碧海青天夜夜心。

5 洛阳亲友如相间，一片冰心在玉壶。

江山如画

念奴娇·赤壁怀古

[宋]苏轼

大江东去，浪淘尽，千古风流人物。故垒西边，人道是，三国周郎赤壁。乱石穿空，惊涛拍岸，卷起千堆雪。江山如画，一时多少豪杰。

遥想公瑾当年，小乔初嫁了（liǎo），雄姿英发。羽扇纶（guān）巾，谈笑间，樯（qiáng）橹（lǔ）灰飞烟灭。故国神游，多情应笑我，早生华发。人生如梦，一尊还酹（lèi）江月。

释义 江山：指江河、山川，多指国土。比喻山河美丽如画。

近义词 山清水秀 **反义词** 山河破碎、满目疮痍

造句 江山如画的祖国是我们美丽的家园。

品读诗词

“大江”，长江。“风流人物”，杰出的历史人物。“周郎”，周瑜，字公瑾，孙权的谋臣。“小乔”，周瑜的妻子，乔公的二女儿。“雪”，雪一样的浪花。上片即景抒情，意思是：大江东流，巨浪翻滚，千古英雄人物。旧营垒的西边，有人说那是三国周郎打败曹兵的赤壁。这里乱石林立，仿佛要穿透天空，惊涛巨浪拍打着江岸，激起的浪花犹如千万堆白雪。那时江山美妙如画，一时之间出现了多少**英雄豪杰**。

“小乔初嫁”，小乔刚嫁给周郎的时候，意在表现周郎的少年得意，**风流倜傥**。“羽扇纶巾”，诸葛亮摇白羽扇、扎葛布头巾，指挥三军从容若定，故人以此形容儒将的装束，此处用来指周瑜。“樯橹”，代指曹操的水军。“故国”，当年的战场。“华发”，花白的头发。“酹”，以酒浇地，表示祭奠。下片的意思是：遥想当年的周瑜，小乔刚刚嫁给他，他英姿勃发。周郎一副儒将打扮，谈笑之间，就把敌军的战船烧得**灰飞烟灭**。如今我神游过往，可笑我如此多情，连头发都花白了。人的一生就像一场梦，就让我们用一杯酒祭奠江上的明月吧。

全词即景怀古，词中充满了对人生、历史社会的感叹，但并不悲伤、萎靡，反而慷慨、豪壮，笔调挥洒超凡，读后令人神魂摇荡，仿佛和作者一起“故国神游”，非常震撼人心。

知识小卡片

周瑜

周瑜（公元 175 ~ 210 年），字公瑾，庐江舒县人。东汉末年军事家、谋略家。二十四岁掌管东吴重兵，吴中称其为“周郎”。周瑜长相俊伟，精通音律，正史上称其“性度恢廓”“实奇才也”。他二十一岁追随孙策平定江东，公元 208 年率军与刘备联合大败曹军。

成语游戏

成语接龙

试一试，完成下面的接龙游戏。

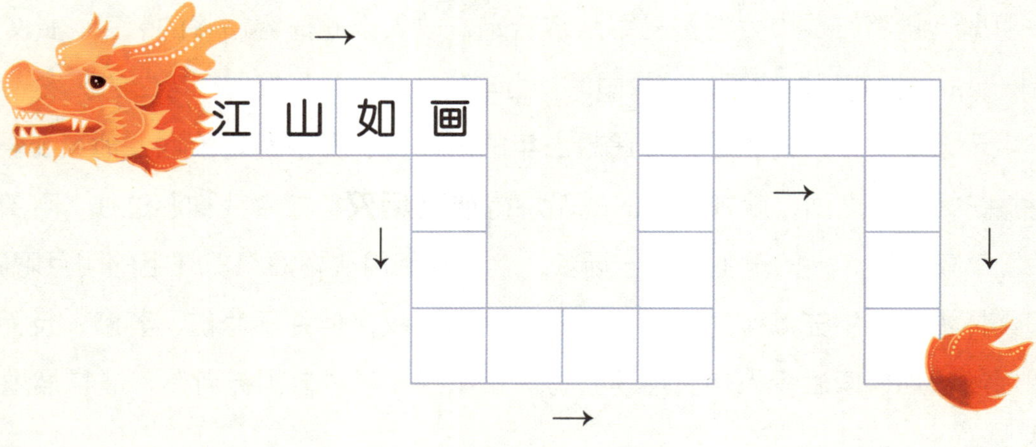

人物连线

请将下列历史人物和与其相对的成语用线连起来。

祖逖	退避三舍
吕蒙	刮目相看
重耳	七擒七纵
孙膑	闻鸡起舞
诸葛亮	黄袍加身
赵匡胤	围魏救赵

成语三十六计

动动手，把下面的成语补充完整吧！

趁	打	声	击
以	待	李	桃
围	救	笑	藏
擒	擒	金	脱
假	不	抛	引

春江水暖鸭先知

惠崇春江晚景

[宋] 苏轼

竹外桃花三两枝，
春江水暖鸭先知。
蒌（lóu）蒿（hāo）满地芦芽短，
正是河豚欲上时。

释义 指身处其中，所得到的感受比别人清楚。常用来比喻关系多的人消息灵通。

近义词 先知先觉　　**反义词** 无

造句 新购房政策还没完全出台，各大地产商已经纷纷调整自己的售房策略了，真是春江水暖鸭先知啊！

品读诗词

“惠崇”，宋初僧人，能作诗，善于绘画。《惠崇春江晚景》是苏轼于宋神宗元丰八年（1085年）抵达汴京（今河南开封）时创作的一首题画诗。

“蒌蒿”，一种水草，能解毒，既是河豚的食物，又是做河豚的佐料。“芦芽”，芦苇刚刚长出的新芽。“河豚”，一种味美却有毒的鱼。“上”，逆江而上，此处指洄游。整首诗的意思是：竹林之外有三两枝桃花初放，水中的鸭子是最先察觉到江水回暖的。蒌蒿满地、芦苇刚刚长出新芽，此时正是河豚洄游的时候。

本诗成功地描述了早春时节的春江景色，作者以其细致、敏锐的感受，捕捉到季节转换时的景物特征，抒发了对早春的喜爱和礼赞之情。整首诗**春意盎然**、**生机勃发**，给人一种清新、舒畅的感受。如今，虽然惠崇的画已经不传，但是这首题画诗却**流传千古**，成为**脍**（kuài）**炙人口**的艺术佳作。

知识小卡片

题画诗

题画诗是一种历史悠久的艺术形式，通常由画家本人或他人针对一幅画拟一首诗，并将其题在画的空白处。题画诗要与画关联，或者再现画面内容，或者借其抒怀咏志。宋徽宗之前，苏轼就做过很多题画诗，之后偶见帝王、后妃为画作题跋；宋末画家赵孟坚等开始有意识地将诗、书、画结合起来，在自己的画作中题诗作赋；到明清时期，作画题诗已是常态。

成语游戏

江河湖海

请用“江”“河”“湖”“海”将下列成语补充完整。

○光山色　　○山如画

口若悬○　　气吞山○

沧○桑田　　天涯○角

五○四○　　翻○倒○

旅游的足迹

小鸭子最喜欢旅游啦。动动手，将下面的成语补充完整，看看小鸭子都去过哪些地方吧！

声东击		光山色	风和日		山如画
蟾宫折		林总总	各奔东		居乐业
蒸蒸日		阔天空	杞人忧		津乐道

七字成语

读一读，试着将下列的七字成语补充完整。

君		之		淡		水	
解		还		系		人	
来		不		非		也	
酒		知		千		少	
儿		千		母		忧	
牵		发		动		身	

物是人非

武陵春·春晚

[宋] 李清照

风住尘香花已尽，日晚倦梳头。物是人非事事休，欲语泪先流。
闻说双溪春尚好，也拟泛轻舟。只恐双溪舴（zé）艋（měng）舟，载不动许多愁。

品读诗词

“武陵春”，词牌名，双调小令，又作“武林春”“花想容”。

“尘香”，指花落到地上，尘土也染上了花香。上片的意思是：风停了、花落了，尘土也沾染了花香，太阳高高升起，人却没有心思梳妆打扮。事物还都一样，人却不一样了，什么事都终结了，还没开口眼泪就流了下来。

“双溪”，水名，唐宋时期是游览胜地，东港、南港两水相汇于此，故名。“拟”，准备。“舴艋舟”，两头尖如蚱蜢的小船。下片的意思是：听说双溪的春景很好，我也准备去泛舟。只

出处 三国魏·曹丕《与吴质书》："节同时异，物是人非，我劳如何？"

释义 景物依旧，人事已非。多用以形容对故人的怀念。

近义词 时过境迁、人面桃花 **反义词** 一成不变

造句 他离开故土三十年，如今回来，已是物是人非，心中无比感叹。

是担心双溪的小船，载不动我的忧愁。

词中，李清照采用类似后来戏曲中的代言体的形式，以第一人称的口吻，抒发了内心的苦闷忧愁，塑造了自己漂泊无依、孤苦凄凉的形象。词人李清照的内心是沉郁、悲苦的，才有“欲语泪先流”词句的出现。

总体而言，这首词语言优美，意境深远，令人一唱三叹。

作者名片

李清照

李清照（1084～1155年?），自号易安居士，济南章丘（今属山东）人，宋代杰出女词人。李格非之女，赵明诚之妻。李清照曾与丈夫一起从事金石研究，丈夫去世后流寓越州、杭州，晚年居住在金华。李清照崇尚雅致、协律，她的词以南渡为界，分前、后两期，前期多描述闺怨别离之情，后期多描述亡国的伤痛，语调清丽浅近，词风婉约，但偶尔有豪放之作。

成语游戏

成语T台

在空格内填入恰当的字，使每行每列都成一个成语。

物		人			
		人			
	沧		桑		
			之		
		因		制	

二龙戏珠

读一读，完成下列关于“物”字的两两成语的接龙。

如：庞然大 物 仿其类

	物			物	
	物			物	
	物			物	
	物			物	

对偶字填成语

成语中有很多含有意思相对或相反的对偶字，一起来填一填下列成语中的对偶字吧！

铺（ ）盖（ ）　　功（ ）垂（ ）

舍（ ）忘（ ）　　争（ ）恐（ ）

（ ）倒（ ）歪　　（ ）辕（ ）辙

怒发冲冠

满江红

[宋]岳飞

怒发冲冠，凭栏处、潇潇雨歇。抬望眼、仰天长啸，壮怀激烈。三十功名尘与土，八千里路云和月。莫等闲、白了少年头，空悲切。

靖康耻，犹未雪。臣子恨，何时灭。驾长车，踏破贺兰山缺。壮志饥餐胡虏肉，笑谈渴饮匈奴血。待从头、收拾旧山河，朝天阙。

品读诗词

“潇潇”，雨势急促的样子。“三十”，年过三十。上片写词人渴望杀敌报国的满腔悲愤之情，意思是：愤怒得头发直竖起来，帽子都被顶飞了，独自凭栏远眺，**疾风骤雨**刚刚停下来。抬头看着天空，禁不住仰天长啸，心中满怀报国之志。三十多年建立的功名如同尘土一般**微不足道**，南北转战八千里，经历了多少**风风雨雨**。不要随意放纵自己，等头发花白了再来毫无意义地悲伤。

出处 《庄子 · 盗跖》："盗跖闻之大怒，目如明星，发上指冠。"

释义 冠：帽子。愤怒得头发直竖，把帽子都顶起来。形容愤怒到了极点。

近义词 怒不可遏、怒火中烧 **反义词** 欣喜若狂、眉开眼笑

造句 他做错事情还满不在乎的样子，气得老师怒发冲冠，恨不得让他去教室外反省。

"靖康耻"，宋钦宗靖康二年（1127 年），金兵攻陷宋朝都城汴京，虏走徽、钦二帝，被宋人视作一大耻辱。"贺兰山"，贺兰山脉，位于宁夏回族自治区与内蒙古自治区的交界处。"胡虏"，对当时入侵大宋的金兵的蔑称。"匈奴"，金国的代称。"天阙"，宫殿楼宇，这里指皇帝生活的地方。下片描写词人渴望**报仇雪恨**、**保家卫国**的豪情壮志，意思是：靖康之耻，到现在还没有洗雪。臣子心中的愤恨之情，什么时候才能消除。我要驾着战车将贺兰山踏为平地。心中满怀壮志，饿了就吃胡虏的肉，谈笑渴了就喝匈奴的血。等我重新收复旧日山河，再带着捷报朝见天子。

这篇《满江红》是传颂千古的爱国主义名篇，整首词壮烈激越，**气势磅礴**，催人奋进。

作者名片

岳飞

岳飞（1103 ~ 1142 年），字鹏举，南宋抗金名将，官至枢密副使。岳飞因为阻碍奸臣秦桧求和不战的主张，被秦桧以“莫须有”的罪名杀害。孝宗时，为岳飞平反，追谥武穆，宁宗时追封鄂王，理宗时改谥忠武。岳飞的词作充满爱国豪情，有《岳忠武王文集》十卷，存词三首。

成语游戏

成语谜语

根据例子，读一读下面的成语，猜猜它们对应的是哪个成语。

例：怒发冲冠（打一成语）→ 生气勃勃

天天向上（打一成语）→

图财害命（打一成语）→

完好无损（打一成语）→

无人问津（打一成语）→

指名道姓（打一成语）→

成语辨忠奸

把下列成语按照意思进行分类，然后填写到“忠”或“奸”后面的横线上。

崇洋媚外	精忠报国	披肝沥胆	卖国求荣
救亡图存	丧权辱国	保家卫国	卖主求荣

忠：

奸：

情绪成语

将下面的成语与对应的情绪连起来。

怒发冲冠	惧
草木皆兵	怒
手舞足蹈	悲
泣血捶膺	喜

柳暗花明

游山西村

[宋] 陆游

莫笑农家腊酒浑，丰年留客足鸡豚（tún）。
山重水复疑无路，柳暗花明又一村。
箫鼓追随春社近，衣冠简朴古风存。
从今若许闲乘月，拄杖无时夜叩门。

品读诗词

《游山西村》是一首纪游抒情诗，写于孝宗乾道三年（1167 年）。

“腊酒”，腊月酿的酒。“豚”，小猪，此处指猪肉。“足鸡豚”，备足鸡肉、猪肉，指菜肴丰盛。前四句的意思是：不要笑话农家腊月酿的酒浑浊，丰收之年待客的菜肴也是很丰盛的。一重重山、一条条河让人担心前方已经没有道路了，但在柳树茂密、繁花盛开的地方又出现了一个山村。

“箫鼓追随”，箫声、鼓声此起彼伏。“春社”，春社日，立春后第五个戊日，古人祭

释义 指绿柳成荫、繁花似锦的景象。也比喻经过一番曲折后，出现新的局面。

近义词 否（pǐ）极泰来 **反义词** 山穷水尽、走投无路

造句 不要因为一时的挫败而沮丧，只要继续努力，终究会柳暗花明的。

祀土地神和谷神、祈求丰收的日子。“闲乘月”，趁着月色闲游。“无时”，不知道什么时候。后四句的意思是：箫声、鼓声此起彼伏，春社日就要到了，衣服、帽子简朴却遗留古风。也许哪天就会乘着月色出门闲游，随时有可能拄着拐杖来敲响你家的房门。

整首诗充分展现了乡间宁静、欢悦、淳朴的风格气息，颔联更是富含哲理，鼓舞、振奋了许多人，因此流传千百年而未衰。

作者名片

陆游

陆游（1125 ~ 1210 年），字务观，号放翁。绍兴二十三年（1153 年）省试第一，但是被秦桧（huì）除名；绍兴年间参加礼部考试，考中，但是被秦桧所黜（chù）；孝宗时赐进士出身；乾道八年（1172 年）投身军旅生活，官至宝章阁待制。陆游是一位杰出的爱国诗人，仕途坎坷，但爱国之心至死不渝。其诗多姿多彩，其词纤丽处似秦观、雄浑处似苏轼。

成语游戏

成语填一填

动动手，在下列方格中填入适当的文字，使每一行成为一个成语。

柳			
	暗		
		花	
			明

植物名填成语

下面每个成语都含有植物的名称，一起动动手来填一填吧！

胸有成（ ）　　百步穿（ ）

雨后春（ ）　　（ ）断丝连

指（ ）骂（ ）　　春（ ）秋（ ）

苍（ ）翠（ ）　　出水（ ）（ ）

（ ）（ ）一现　　（ ）（ ）带雨

反义词填成语

成语中往往会含有意思相反的字、词，请用两个意思相反的字将下列成语填写完整。

（ ）惊（ ）怪　　眼（ ）手（ ）　　（ ）曲（ ）工　　顾（ ）失（ ）

（ ）离（ ）别　　凶（ ）吉（ ）　　（ ）应（ ）合　　化（ ）为（ ）

天光云影

观书有感二首（其一）

[宋]朱熹

半亩方塘一鉴开，
天光云影共徘徊。
问渠那得清如许？
为有源头活水来。

品读诗词

“方塘”，又称半亩塘。“鉴”，镜子。“开”，打开。“徘徊”，移动。“渠”，第三人称代词，它，此处指方塘。“那”，同“哪”。“那得”，怎么会。“如许”，这般。“为”，因为。整首诗的意思是：半亩方形池塘就像一面铺开的镜子一样，天光和云影倒映在水中，不断地浮动。池塘里的水为什么如此清澈？因为有**源源不断**的活水流进来。

诗中以方塘作比喻，形象地表达了读书的感受。池塘中的水之所以那样清澈，是因为时

释义 泛指自然界的美景。

近义词 无 **反义词** 无

造句 春天，玉渊潭公园繁花盛开，公园内天光云影，波平如镜。

常有活水注入。这和读书是一样的道理，人们在阅读的时候，源源不断地补充新知识，不仅可以打开人的思想，还能开阔人的胸襟，提高人的生命活力。

将富有哲理意味的东西，用浅显、形象的事物说出来，是诗歌常用的创作手段。通过阅读《观书有感》这首诗，我们对为什么要读书以及读书的确切好处这两个问题可以展开思考，从而树立正确的读书观——毕竟学习是一生的事情，阅读是非常重要的学习途径之一。

作者名片

朱熹

朱熹（1130 ~ 1200 年），字元晦，一字仲晦，号晦庵，卒谥（shì）“文”。祖籍徽州婺（wù）源（今属江西），生于南剑州尤溪（今属福建）。南宋著名理学家、教育家、诗人。他的著述甚多，有《诗集传》《楚辞集注》《周易本义》《四书章句集注》等。

成语游戏

成语猜谜

请根据语言描述，选择相应的成语，填在方框内。

好事多磨　司空见惯　通宵达旦　歪打正着　不明不白　抱残守缺

1. 文物管理员
2. 用黑纸糊灯笼
3. 天文学家看星星
4. 夕阳西下几时回
5. 瞎猫碰着死耗子
6. 唐僧取经，九九八十一难

画画小能手

根据表格中的图片，试着猜出每行对应的成语，并试着画一画。

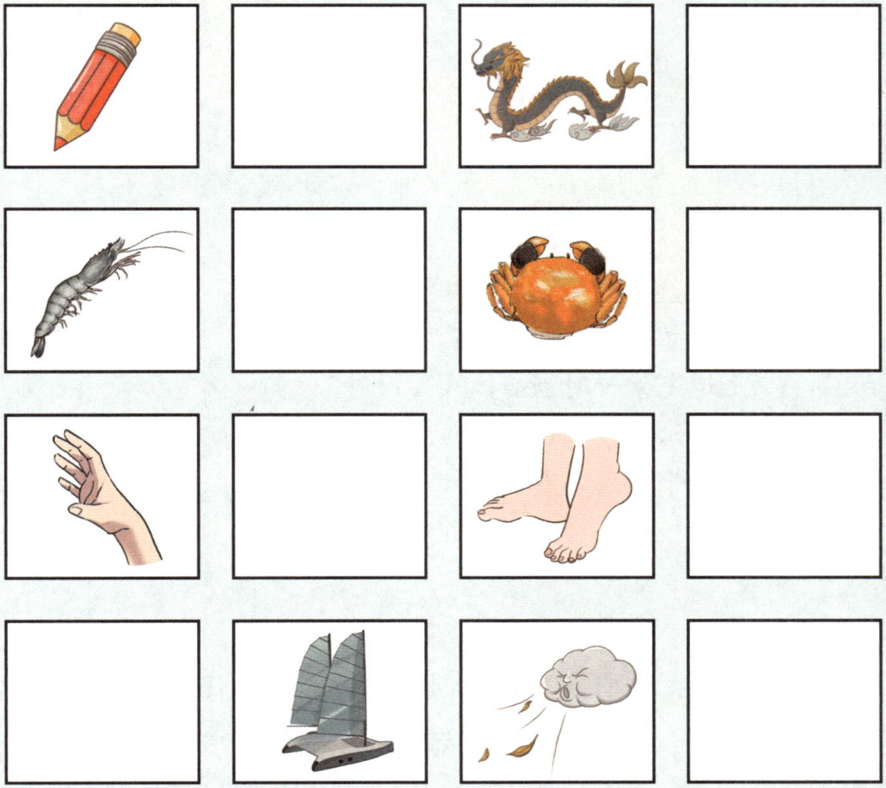

成语：______

成语：______

成语：______

成语：______

万紫千红

春日

［宋］朱熹

胜日寻芳泗（sì）水滨，
无边光景一时新。
等闲识得东风面，
万紫千红总是春。

品读诗词

“胜日”，阳光明媚的日子。“寻芳”，春游赏花。“泗水”，河名，在今山东省。“滨”，河水边。“光景”，风景。“一时新”，焕然一新。“等闲”，随意。“东风”，春风。整首诗的意思是：在阳光明媚的日子里，去泗水边游玩赏花，**无边无际**的春景**焕然一新**。随便一个人都知道这是春天的景象，到处都是**万紫千红**、**百花齐放**的春景。

过去，每年春天百花盛开的时候，人们都喜欢出门踏青。从字面上来看，这首诗好像是

释义 形容百花齐放，色彩艳丽，或景象繁荣兴旺。也比喻事物丰富多彩。

近义词 姹紫嫣红、五彩缤纷 **反义词** 千篇一律

造句 百花园里万紫千红，吸引了无数的蜜蜂和蝴蝶。

游春的观后感，但是，细究“寻芳”的地点——泗水滨就会发现，这里早在宋南渡时就被金人侵占了，朱熹从未北上，自然不可能在泗水滨游玩赏春。因此，诗中的“泗水”其实是暗指孔门，因为春秋时期孔子曾在洙、泗之间讲学，教授弟子。

综上，可以这样理解，“寻芳”是指寻求圣人之道；“无边光景”所展示的空间非常大，也透露出诗人膜求圣道的本意；“东风”暗喻教化；“万紫千红”比喻孔学的丰富多彩。这里，诗人是将圣人之道比作生发万物的春风。整首诗将理趣寓于形象之中，构思堪称奇妙。

知识小卡片

孔子

孔子（公元前551～前479年），名丘，字仲尼，春秋末期政治家、思想家、教育家。孔子曾带领弟子周游列国，宣传自己的政治主张，晚年整理文献，办了我国古代最早的私学，前后招收学生三千多人。孔子以儒家典籍（五经）为教材，突破了贵族对文化知识的垄断，所创立的儒家学说影响深远，历来被尊为圣人。

成语游戏

彩虹乐园

彩虹有七种颜色，分别对应着下面的成语，请试着填一填。

赤　橙　黄　绿　青　蓝　紫

灯红酒（　）

近朱者（　）

姹（　）嫣红

（　）（　）橘绿

（　）史留名

（　）田生玉

成语三原色

可见光谱中的大多数颜色可以由三种不同比例的基本色光混合。运用光学三原色的原理，试着填写下列成语。

面____耳赤 + ____草如茵 → 东门____犬

大红大____ + ____田生玉 → ____出于蓝

青山____水 + 筚路____缕 + ____运当头 → 真相大____

青____不接 + 平步____云 → 惨____少年

成语谜语

读一读下面的谜面，猜猜它们对应的是哪个成语。

1. 百花齐放（打一成语）	谜底：
2. 足不离松土（打一成语）	谜底：
3. 五句话（打一成语）	谜底：

金戈铁马

永遇乐·京口北固亭怀古

［宋］辛弃疾

千古江山，英雄无觅，孙仲谋处。舞榭歌台，风流总被，雨打风吹去。斜阳草树，寻常巷陌，人道寄奴曾住。想当年，金戈铁马，气吞万里如虎。

元嘉草草，封狼居胥，赢得仓皇北顾。四十三年，望中犹记，烽火扬州路。可堪回首，佛狸祠下，一片神鸦社鼓。凭谁问：廉颇老矣，尚能饭否？

出处 《旧五代史·李袭吉传》："金戈铁马，蹂践于明时。"

释义 金戈：古代用金属制的一种武器，横刃，长柄；铁马：披有铁甲的战马。指战争或戎马生涯。

近义词 戎马倥（kǒng）偬（zǒng） **反义词** 安居乐业

造句 为了民族大义，他参军入伍，踏上了金戈铁马的军旅生涯。

品读诗词

这是一首怀古咏今词，词人**抚今追昔**，表达了乱世文人内心的悲苦和沉痛之情。

"孙仲谋"，三国时期吴国国君孙权，字仲谋。"舞榭歌台"，演出用的台榭，此处代指孙权的宫殿。"寻常"，长度单位，八尺为寻，倍寻为常，在这里表示狭窄的意思。"巷陌"，街道。"寄奴"，南朝宋武帝刘裕的小名。上片追忆往昔，意思是：历经沧桑的江山，再也没法找到孙权那样的英雄了。吴王孙权的宫殿还在，英雄人物却随着岁月的流逝消散了。夕阳、草树，狭窄的小巷，有人说这是刘裕住过的地方。想当年，他率兵北伐，气吞骄虏犹如猛虎。

"元嘉"，南朝宋文帝刘义隆的年号。"元嘉草草"，刘义隆**好大喜功**，于元嘉年间草率出兵北伐，结果惨败。"狼居胥"，今蒙古国境内的肯特山。"赢得"，落得。"佛狸"，北魏太武帝拓跋（bá）焘（tāo）的小字。"神鸦社鼓"，击鼓引乌鸦来吃祭品。"廉颇"，战国时期赵国名将。下片今昔对照，用昔日之事影射现实，意思是：宋文帝刘义隆于元嘉年间草率兴兵，想建立不朽的功绩，却落得仓皇而逃的下场。四十三年了，如今看到了还能想起当时扬州战火连天的景象。真是难以回首，拓跋焘的祠堂香火旺盛，一片乌鸦啄食祭品、擂鼓祭祀之声。还会有谁来问：廉颇年纪大了，饭量还好吗？

作者名片

辛弃疾

辛弃疾（1140 ~ 1207 年），字幼安，号稼轩，南宋著名词人。他二十二岁参军抗金，曾任耿京军的掌书记，不久投归南宋。历任江阴签判，建康通判，湖南、湖北转运使，湖南、江西安抚使等职。四十二岁遭谗言而降职，退居江西信州二十年。一生力主北伐抗金，并提出有关方略，但是都没有被采纳。词存六百二十九首，慷慨激昂，富有爱国情怀。

成语游戏

战争类成语

下列成语都是运用到战争场景中的，读一读，试着将其补充完整。

短____相接　　金____铁____

金____连天　　____林____雨

飞箭如____　　以____养____

粮尽____绝　　偃____息____

成语连一连

请将下列意思相近的成语，用线条连接起来。

金戈铁马	刻不容缓
国泰民安	戎马倥偬
迫不及待	南辕北辙
因势利导	政通人和
背道而驰	顺水推舟

成语接龙

试一试，完成下面的接龙游戏。

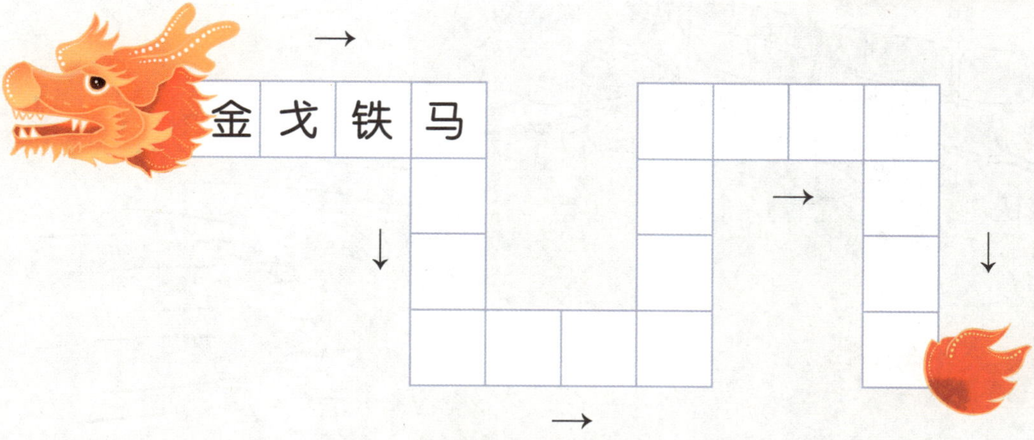

满园春色

游园不值

［宋］叶绍翁

应怜屐齿印苍苔，
小扣柴扉久不开。
春色满园关不住，
一枝红杏出墙来。

释义 满园都是春天的景色。比喻欣欣向荣的景象。

近义词 春意盎然、欣欣向荣 **反义词** 满目疮痍（yí）

造句 来到颐（yí）和园，满园春色，真是美不胜收。

品读诗词

“值”，遇到。本诗主要描写主人公打算游园，不巧，没有遇到园子的主人，因此游园失败，但还是看到院内伸出墙外的红杏，并由此引发了感叹和联想。

“怜”，怜惜。“屐”，木鞋。“屐齿”，木鞋底防滑用的两道齿。“苍苔”，青苔。“小叩”，轻轻地敲。“柴扉”，柴门。整首诗的意思是：大概是主人担心我的木屐踩坏他怜惜的青苔，我轻轻地敲了敲柴门，很久都没有人来开门。满园的春色是关不住的，一枝开得正盛的红杏伸出了墙头。

整首诗不仅景中含情，而且景中寓理，能够引发读者的联想，启发一些哲理：“春色”是无法关住的，“红杏”是要出墙的，间接宣告了春天的来临。同样的，也说明一切美好的事物，最终都会冲破束缚，蓬勃发展。所以，遇到问题可以多角度思考，也许就会有美好的一面，收获不一样的体会和风景，让生活更轻巧、更有意趣。

作者名片

叶绍翁

叶绍翁（1194年～？），字嗣（sì）宗，号靖逸，南宋诗人。他长期隐居钱塘西湖之滨，经常与葛天民用诗词互相赠答唱和；也曾做过小官，与真德秀相交甚好。其多写江湖田园风光，诗风清雅淡远，其中七绝诗新颖优美，富有生活情趣，最为突出。有《四朝闻见录》《靖逸小集》。

成语游戏

美丽的花海

试一试，把下面含“花”字的成语补充完整吧！

（ ）花（ ）门	（ ）花（ ）月	花（ ）巧（ ）
（ ）月（ ）花	（ ）花（ ）锦	（ ）花（ ）水
（ ）花（ ）坠	（ ）花（ ）乱	（ ）花（ ）放

辛勤的园丁

为了浇灌花园里的花，园丁需要将下列成语补充完整，收集更多的水滴。让我们来帮忙收集吧！

○○不漏　　○○难收

高山○○　　○○摸鱼

○○车薪　　○○马龙

四季成语

在下列含有“春”“夏”“秋”“冬”的方阵中填上适当的文字，让每一行都成为一个成语。

春			
夏			
秋			
冬			

初出茅庐

《三国演义》第三十五回诗

[明]罗贯中

博望相持用火攻，
指挥如意笑谈中。
直须惊破曹公胆，
初出茅庐第一功。

品读诗词

罗贯中写的《三国演义》第三十九回中，讲了诸葛亮“**初出茅庐**”的故事，在这一回中罗贯中题了这首诗，用来描述诸葛亮出山后的第一个功绩——火烧博望坡。

“博望”，博望坡，遗址位于河南省南阳市方城县西南三十千米处，地势险要，自古为兵家必争之地。“曹公”，曹操。“茅庐”，诸葛亮出山之前的居所。整首诗的意思是：在博望坡两军相持的时候用火攻，谈笑之中指挥自如。直接就将曹操的胆都吓破了，这是出茅

释义 茅庐：草舍。原指诸葛亮结束隐居生活辅佐刘备，初次与曹军交锋就得胜而归。现多指年轻人刚刚进入社会，初次走上工作岗位，还不成熟。

近义词 少不更事 **反义词** 身经百战、老谋深算

造句 大学毕业后，初出茅庐的他摩拳擦掌，要闯出一番天地来。

庐之后的第一个功劳。

“火烧博望坡”是诸葛亮出山后的第一仗，直接扭转了刘备**节节败退**的局面，提升了士气，扩大了刘备军的影响力。所以，后人常常用“初出茅庐”来比喻新人**崭露头角**，不过在后来的使用过程中，多用来比喻刚刚出社会，实践经验不足。

作者名片

罗贯中

罗贯中（约1330 ~约1400年），名本，字贯中，号湖海散人，传为《三国演义》作者，生平事迹不见史传。罗贯中生活在动乱的元末明初，他长期漫游江湖，写了很多小说、杂剧。

成语游戏

用地名填成语

成语中经常会含有地名，请用地名将下列成语补充完整。

寿比□□　　福如□□

重于□□　　虎落□□

暗度□□

抓“间谍”

下面的成语阵营中混入了两个“间谍”，意思跟其他成语非常不同。让我们动动脑，把它们找出来吧！

炉火纯青	庖丁解牛	初出茅庐	老成持重
老马识途	不谙世事	游刃有余	久经沙场

“间谍”是：

寻找主人公

动动手，用线条将下列与人物相关的成语连接起来吧！

张良	初出茅庐
班超	一字千金
赵括	纸上谈兵
诸葛亮	投笔从戎
吕不韦	孺子可教

粉身碎骨

石灰吟

［明］于谦

千锤万凿出深山，
烈火焚身若等闲。
粉骨碎身浑不怕，
要留清白在人间。

释义 身体被碎成粉末。指丧失生命。也指为某种目的而献身。

近义词 肝脑涂地 **反义词** 明哲保身、贪生怕死

造句 我们现在的和平，是多少英雄冒着粉身碎骨的危险换来的啊！

品读诗词

“**千锤万凿**”，无数次地锤击。“若”，就像……一样。“等闲”，平常的样子。“浑”，全。“清白”，一语双关，指高尚的气节。整首诗的意思是：石灰石经过千锤万凿之后，才从深山中被开采出来，它把烈火焚身当作一件平常事来看待。就算**粉身碎骨**也丝毫不感到害怕，只要能把高尚的气节留在人世间。

十七岁时，于谦在杭州吴山三茅观读书，有一天，当他走到一座石灰窑前，看到从山中采来的青黑色山石被煅烧成白色石灰后，深有感触，脱口便吟出《石灰吟》这首千古佳作。他托物言志，借石灰的锻烧过程表明自己的心志——要做一个像石灰一样高洁的人，就算千锤百炼、烈火焚身，也要留得清白在人间，这样勇敢、坚定的信念，成为于谦生平和人格的真实写照。

作者名片

于谦

于谦（1398 ~ 1457 年），字廷益，号节庵，浙江杭州府（今浙江省杭州市）人，明代著名的军事家、诗人。他的诗侧重写实，自然朴素，真切感人，体现出慷慨激昂的爱国主义情怀。有《于忠肃集》。

成语游戏

看图猜成语

根据下列图画的提示，猜出正确的成语。

成语：

成语：

成语：

身体部位填成语

动动手，用身体部位将下列成语补充完整吧！

（ ）晕（ ）眩　　摇（ ）摆（ ）

（ ）明（ ）亮　　蹑（ ）蹑（ ）

愁（ ）苦（ ）　　（ ）聪（ ）明

成语谜语

下列两组诗句都运用了借物喻人的表现手法，读一读，解出对应的谜底。

1. 粉骨碎身全不怕，要留清白在人间。

2. 千磨万击还坚劲，任尔东西南北风。

谜底：1：＿＿＿＿＿＿　2：＿＿＿＿＿＿

千门万户

画鸡

[明]唐寅

头上红冠不用裁，
满身雪白走将来。
平生不敢轻言语，
一叫千门万户开。

品读诗词

《画鸡》是唐寅为自己的画作题的一首七言绝句，这首诗将画中大公鸡白羽红冠、**气宇轩昂**的形象准确描绘出来的同时，也展现了诗人的精神面貌和心性追求。

“裁”，裁剪。“轻”，轻易。“言语”，指啼鸣。“千门万户”，**千家万户**，指众多人家。整首诗的意思是：公鸡头上的红冠天然生成，不用裁剪，身披雪白的羽毛，雄赳赳地走了起来。它平常不肯轻易鸣叫，一旦开口千家万户都会打开门。

出处 《史记·孝武本纪》："于是作建章宫，度为千门万户。"

释义 形容屋宇深广，也指人家众多。

近义词 千家万户 **反义词** 荒无人烟

造句 春节一到，千门万户热热闹闹，处处张灯结彩。

一、二两句描述绘画中的内容，将画中公鸡的精神、形象描绘了出来，它红冠缀顶、“满身雪白”，**神采奕奕**地“走将来”。从局部到全面，色彩鲜明，描绘了雄鸡优美高洁的形象。三、四两句运用了拟人的手法，将鸡比作人，揭示了它不敢轻易说话的心理状态，因为只要它一鸣叫，就意味着黎明的到来，千门万户也会将门打开。同时，这里也采用了对比的手法，动静结合，表现了公鸡具备的美德和权威。

本诗将鸡这类家禽的神态、气质以及报晓的天性展现得淋漓尽致，值得细细品味。

作者名片

唐寅

唐寅（1470 ~ 1523 年），字伯虎，号六如居士、桃花庵主，明代著名诗人、画家。弘治十一年（1498 年），唐寅中乡试第一，后受舞弊案牵连下狱，并被罢黜。之后，唐寅游览名山大川，致力于绘画、书法和诗文。唐寅的诗敢于突破格律，表达真情实感，与文徵明、祝允明、徐祯卿并称“吴中四才子”，并在绘画上成为“吴门四家”之一。

成语游戏

千千万万

请将下列含有“千”“万”二字的成语补充完整，看看你能填多少吧！

千（ ）万（ ）　千（ ）万（ ）　千（ ）万（ ）　千（ ）万（ ）

千（ ）万（ ）　千（ ）万（ ）　千（ ）万（ ）　千（ ）万（ ）

成语换头面

有些成语是由两个词语拆组形成的。动动脑，仿照例子，将正确的成语填写在方框内吧！

例：千万 → 千门万户 → 门户

呼唤 →		→	改换 →		→
冰雪 →		→	道途 →		→
胡乱 →		→	聚会 →		→
左右 →		→	跋涉 →		→

成语接龙

试一试，完成下面的接龙游戏。

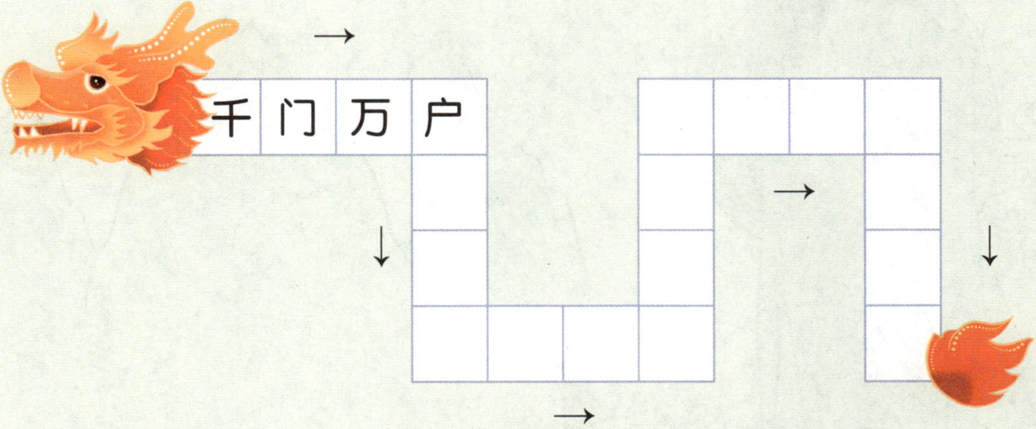

不拘一格

己亥杂诗

[清]龚自珍

九州生气恃（shì）风雷，
万马齐喑（yīn）究可哀。
我劝天公重抖擞（sǒu），
不拘一格降人才。

释义 拘：拘泥；格：格局，规格。不局限于一种格式。

近义词 兼收并蓄 **反义词** 千篇一律

造句 他用人不拘一格，所以团队中总能出现一些奇才。

品读诗词

“己亥”，己亥年，即清道光十九年（1839 年）。“杂诗”，说明这是一组题材广泛的诗歌。本诗是其中一首。

“九州”，代指中国。“风雷”，风神和雷神，在这里比喻风和雷一样迅猛的社会变革。“喑”，失声、无声。“万马齐喑”，数量众多的马一起没有声音，表示大家都不出声。“天公”，老天，暗指朝廷。“降”，降下，此处指选拔、任用人才。全诗的意思是：中国只能依靠风雷般巨大的力量才能焕发生机，然而社会政局毫无生气，终究是一件悲哀的事情。奉劝老天重新振作起来，不拘泥陈规地选拔和任用更多的人才。

本诗是一首政治抒情诗，大体可以分为三个层次：第一层，写了当时的社会现状——**万马齐喑**、朝野噤声，表达出诗人对这种现实的强烈不满；第二层，指出要改变社会现状，要依靠像狂风暴雨一样强大的力量，暗示出只有改革才能改变社会现状；第三层，进一步指出改革的重点和基础是人才的任用，只有不拘一格地任用人才，社会改革才能出现新的局面。这首诗既批判了黑暗的现实，又表达了诗人对未来的期许。“**不拘一格**”，充分表现了诗人开阔的胸怀，长远的目光，具有战略性的思想。整首诗语言凝练平实，感情真挚。

作者名片

龚自珍

龚自珍（1792 ~ 1841 年），字璱（sè）人，又字尔玉，号定盦（ān），清代杰出的思想家、文学家。龚自珍出身官宦家庭，二十七岁中举人，三十八岁中进士，任过内阁中书、宗人府主事、礼部主事等职。面对衰世，龚自珍具有深沉的忧患意识，他以文学作品当作武器，展现黑暗的社会现实，对近代文学产生了很大的影响。

成语游戏

十字方阵

在右边的空格内填入适当的字，按箭头所指的方向组成四字成语。快来试试看吧！

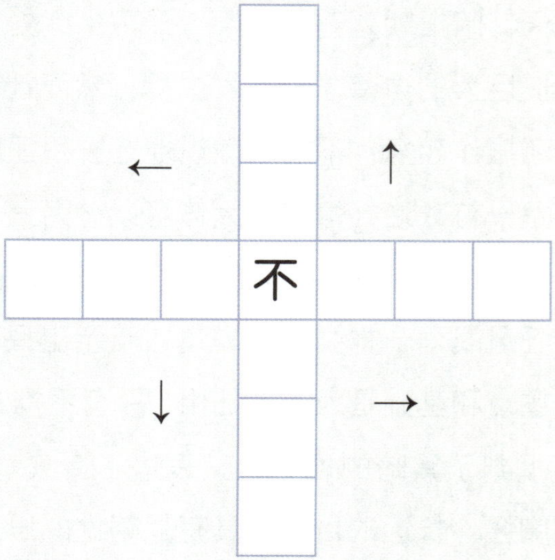

成语加减法

将下列的成语补充完整，并使等号两边的算式成立。

（ ）恶不赦 − （ ）长两短 = （ ）窍玲珑

（ ）神无主 − （ ）窍不通 = （ ）彩斑斓

（ ）面玲珑 + （ ）目了然 = （ ）霄云外

不拘（ ）格 + 四平（ ）稳 = 一言（ ）鼎

近义词成语

请将下列左右两边意思相近的成语用线连起来吧！

不拘一格	苦口婆心
语重心长	兼收并蓄
诲人不倦	循循善诱
哗众取宠	夸大其词

草长莺飞

村居

[清]高鼎

草长莺飞二月天，
拂堤（dī）杨柳醉春烟。
儿童散学归来早，
忙趁东风放纸鸢（yuān）。

品读诗词

“村居”，居住在乡间。

“拂堤杨柳”，杨柳轻轻摆动，好像在抚摸堤岸。“春烟”，春天烟雾般的水汽。“散学”，放学。“纸鸢”，像鹰一样的纸风筝。整首诗的意思是：青草渐长、黄莺飞舞的二月，轻拂堤岸的杨柳在春天的烟雾中沉醉。孩子们放学后早早就回了家，赶忙趁着东风去放风筝。

第一句点明了时间是二月，“草长莺飞”一词描述了春季万物生机勃发的样子。第二句

释义 绿草茂盛，黄莺飞舞。形容江南春天的美好景色。

近义词 春色满园 **反义词** 不毛之地

造句 草长莺飞的二月，孩子们快乐地奔跑在绿茵茵的草地之上。

将杨柳拟人化，柳树轻抚河堤，并沉醉在春天雾气朦胧的水汽中。其中，“醉”字写活了杨柳的姿态。前两句写景，把鲜活的春天景象描写得淋漓尽致。

后两句主要是写人物活动。“儿童散学归来”，画面动态感十足，后面再加一个“早”字，将孩子们欢脱的模样和早春的活力完美地结合在了一起。末句描绘了孩子们**兴致勃勃**地忙着去放风筝的样子。后两句从写景转到写人，把早春渲染得精彩迷人。

整首诗用词洗练，落笔明朗，动静结合，**情景交融**，洋溢着春天欢快的气氛。

作者名片

高鼎

高鼎，生卒年、籍贯、事迹均不详，字象一，又字拙吾，仁和（今浙江杭州）人，清代诗人。高鼎生活在鸦片战争之后，大约活动在咸丰年间（1851 ~ 1861年），生平及创作情况罕有记录。他的诗歌擅长自然景物的描写，并以一首《村居》名传后世，著有《拙吾诗稿》。

成语游戏

春天到

春天是生机勃发、朝气蓬勃的季节，下面让我们一起动手填填下面关于春天的成语，看看春天究竟是什么样子的吧！

春（　）明（　）	风（　）日（　）
春（　）花（　）	鸟（　）花（　）
春（　）盎（　）	绿（　）如（　）
春（　）阑（　）	繁（　）似（　）

有所不同

下面每组成语中画线的字，字形一样，读音不一样。动动手，为它们标上拼音吧！

积少成多 ____	少不更事 ____
对牛弹琴 ____	荷枪实弹 ____
意气风发 ____	令人发指 ____
满载而归 ____	千载难逢 ____
得心应手 ____	应有尽有 ____

春季成语

根据例子，想一想还有哪些带有成语的诗句是形容天气的。

例：草长莺飞二月天，拂堤杨柳醉春烟。

图书在版编目(CIP)数据

成语应该这样学. 2. 1, 读古诗词学成语 / 刘德水主编. -- 北京 : 民主与建设出版社, 2022. 9
ISBN 978-7-5139-3926-3

Ⅰ. ①成… Ⅱ. ①刘… Ⅲ. ①汉语－成语－故事－青少年读物 Ⅳ. ①H136. 31-49

中国版本图书馆CIP数据核字(2022)第144305号

成语应该这样学②·读古诗词学成语

CHENGYU YINGGAI ZHEYANG XUE ② DU GUSHICI XUE CHENGYU

主　　编	刘德水
责任编辑	程　旭
封面设计	赵淑玲
出版发行	民主与建设出版社有限责任公司
电　　话	（010）59417747　59419778
地　　址	北京市海淀区西三环中路 10 号望海楼 E 座 7 层
邮　　编	100142
印　　刷	朗翔印刷（天津）有限公司
版　　次	2022 年 9 月第 1 版
印　　次	2022 年 9 月第 1 次印刷
开　　本	880 毫米 ×1230 毫米　1/24
印　　张	7.5
字　　数	90 千字
书　　号	ISBN 978-7-5139-3926-3
定　　价	98.00元（全2册）

注：如有印、装质量问题，请与出版社联系。

九色鹿童书
JIU SE LU TONG SHU

成语

应该这样学②

读寓言故事学成语

刘德水◎主编

民主与建设出版社
·北京·

目录

说理篇

警示篇

讽刺篇

幽默篇

前言

成语是一种形式简洁而意义精辟的定型词组或短语，多出于古典典籍、诗词、寓言等。

学习成语，可以积累语言词汇，丰富知识；正确运用成语，可以极大增强语言的表现力、感染力和说服力。为此，我们精选了适合青少年阅读的成语，精心编写了这套《成语应该这样学 2》。

本套共分两册，内容上，我们通过阅读古诗词和寓言故事，不仅可以学习成语，还能让孩子们对成语故事背后的寓意，以及对《诗经》、唐宋等朝代的诗词文化有一定的了解。在板块上，我们增加了一个词典工具的板块，里面有成语出处、释义、近反义词和造句的内容，帮助孩子们对成语做基础了解。知识小卡片和作者名片板块，可以扩展孩子的知识面。另外，我们还精心设计了几百款游戏，不仅有分类型、应用型，还有发散思维型等，多角度地激发孩子的思辨能力。

可以说，本套书内容丰富，图文并茂，集知识性和趣味性为一体，让孩子轻松掌握成语，玩转大语文。

塞翁失马

古时候，靠近塞上的地方住着一个擅长预测吉凶的老人。有一天，他家的马**无缘无故**丢失，最后竟跑到胡人居住的地方去了。人们知道了这件事后，都来安慰他，劝他不要难过。可是，老人却说：“马丢了固然可惜，但谁知道会不会是一件好事呢？”

出处 汉·刘安《淮南子·人间训》：“近塞上之人，有善术者，马无故亡而入胡。人皆吊之，其父曰：‘此何遽（jù）不为福乎？’居数月，其马将胡骏马而归。”

释义 塞：边界上的险要地方，边塞；翁：老头儿。比喻虽然暂时遭受损失，但也许会因此得到好处。也指坏事可能转变成好事。

近义词 因祸得福 **反义词** 鸡飞蛋打

造句 眼下吃点亏不用担心，要知道塞翁失马，焉知非福？

过了几个月，没想到老人的马竟然自己回来了，不仅如此，它还带回来几匹胡地的骏马。人们见状，纷纷前来祝贺这位老人。可是，这时老人又说：“马回来了固然值得欢喜，可谁知道它会不会带来什么祸事呢？”

果然，因为家中有良马，老人的儿子便要去骑一骑，结果一不小心摔断了腿。人们见此情景，又都来安慰老人，劝他不要难过。老人说：“儿子摔断腿的确是一件令人难过的事儿，但谁知道这会不会是一件好事呢？”

人们都以为老人在**胡言乱语**，因为他们实在想不出摔断腿能是什么好事。一年之后，胡人大举入侵，官府四处抓壮丁去打仗。靠近塞上被抓壮丁的人，去十个有九个会战死。不过，老人的儿子因为腿部残疾，没有被官府抓去当壮丁，父子俩因此保全了性命。

所以说：好事有时候会转变为祸事，祸事有时候也会转变为好事，它们之间的转换不是人为可以控制的。但是，我们可以用良好的心态去面对它，因为随着时间的流逝，当下的境遇一定会随之发生变化。

知识小卡片

胡人

先秦时期，称北方游牧民族为“北狄”，秦汉以后又称其为“胡人”。因此，在古代，胡人成为非中原地区、周边民族的通称，涵盖了中国北面和西面的游牧民族，包括匈奴、鲜卑、氐（dī）、羌、吐蕃、突厥、蒙古、契丹、女真等。

成语游戏

成语接龙

试一试，完成下面的接龙游戏。

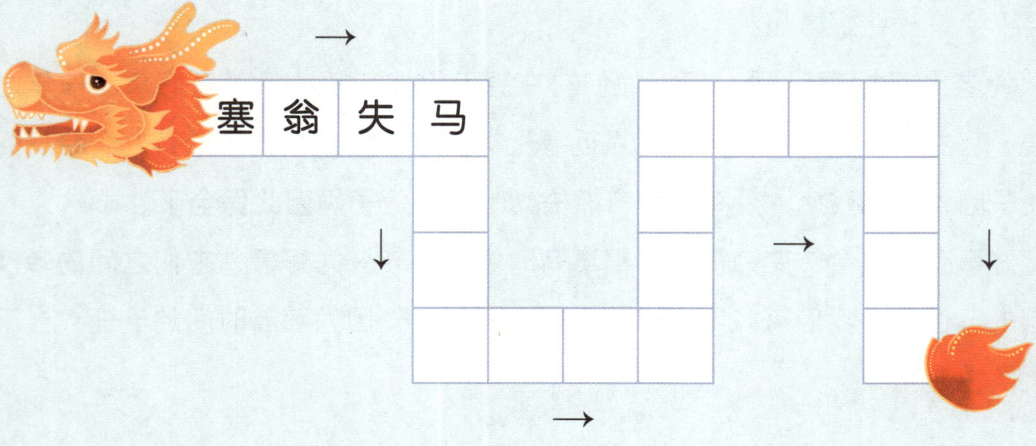

成语里的十二生肖

在方框内填入十二生肖，组成成语。

马 鼠 龙 兔 牛 猪

猴 羊 狗 鸡 虎 蛇

□□精神	□目寸光	亡□补牢
画□添足	守株待□	□背熊腰
汗□充栋	卧□藏□	□年□月
□尾续貂	呆若木□	□朋□友
顺手牵□	白云苍□	沐□而冠

庖丁解牛

战国时期，有一个厨师名叫丁，他的宰牛技术十分高超，因此，梁惠王特地请他来表演。众人对庖丁的宰牛过程十分好奇，于是纷纷围了上来。只见他抬起一条牛腿，用膝盖抵住牛身，手中的刀**不假思索**地落下，这一系列动作如**行云流水**一般。随着刷刷的刀声，牛的皮、肉、骨自然地分离开来，仿佛没有阻碍。庖丁宰牛时的动作就像踏着《桑林》的节拍起舞一般；他解牛发出的声音流利动听，也跟《经首》十分合拍。

梁惠王看到这精彩的一幕惊呆了，他忍不住地赞叹庖丁，并好奇地询问他是怎么做到的。

庖丁连忙放下屠刀，回答道："我之所以能如此熟练，是因为我掌握了一定的规律。刚开始宰牛时，因为不了解牛的结构，我看到的是一整头牛，所以完

出处 《庄子·养生主》："庖（páo）丁为文惠君解牛，手之所触，肩之所倚，足之所履，膝之所踦（yǐ），砉（xū）然响然，奏刀騞(huō）然，莫不中音。"

释义 庖丁：古代指厨师；解：分解，剖开。比喻技艺熟练，发挥起来得心应手。

近义词 得心应手 **反义词** 笨手笨脚

造句 王师傅的技艺已经到了庖丁解牛的程度了。

全不知道应该从哪里下刀。三年之后，我对牛的身体结构已经完全掌握，看到的就不是整头牛了，我知道该怎么剖开牛体。如今的我，按照牛的身体结构，利用筋骨相连以及骨节间的空隙用刀，所以我不必仔细看，只要眼神接触到牛，就知道应该从什么地方下刀了。"

看见梁惠王还是有些迷惑，庖丁继续说道："解剖牛的时候，要顺应牛的身体结构，把刀子插入牛筋骨间的缝隙里进行。刀子所到之处，连经络、筋腱都没有碰过，更何况那些大骨头呢。技术高超的厨师一年换一把刀，是因为他们用刀来割肉；技术一般的厨师一个月换一把刀，是因为他们用刀来砍骨头。而我的这把刀，已经用了十九年，仍然像刚刚磨好的一样。不过，即便如此，在遇到筋骨交错、不易分解的地方，我还是会**小心翼翼**，放慢动作，**全神贯注**地轻轻进刀。而且，用这种方法，人能够听到流畅的刀声以及牛体内骨肉分离的声音，这样整头牛分解完之后就会像泥土一样散落下来。如此一来，我才会觉得满意，然后把刀擦拭干净收入套中。"

梁惠王听完，感慨地说："听了你的话，我似乎明白养生的道理了。"

世间万物都有其自身的规律，如果我们能够根据不同事物的特征，顺应它的结构，找到合适的地方和恰当方法下手，将会**事半功倍**。

知识小卡片

《桑林》之舞，《经首》之会

《桑林》是商汤时期的一种乐舞，《经首》是传说中尧时的乐曲，所以，上文用“《桑林》之舞，《经首》之会”说明庖丁解牛时动作、声响的流畅和优美。

成语游戏

动物乐园

动物乐园里，一群小动物正在找匹配自己的成语，让我们来帮助它们吧！

鱼（ ）混杂	庖丁解（ ）	（ ）飞（ ）跳	天（ ）行空
如（ ）添翼	人高（ ）大	（ ）假（ ）威	惊弓之（ ）

看图猜成语

请看图，将意思对应的成语的序号填入方框中。

1. 牛嚼牡丹
2. 对牛弹琴
3. 庖丁解牛
4. 牛郎织女

成语：

身份匹配

请将下列成语所表达的意思，与相关的职业用线条连接起来。

救死扶伤	老师
庖丁解牛	法官
言传身教	厨师
公正无私	大夫

老马识途

春秋战国时期，随着齐国的强大，中原各国逐渐认可了齐国的盟主地位，但一些边远的少数民族部落仍旧**我行我素**。

一天，有人来向齐桓公报告，说北方一个叫山戎（róng）的少数民族进犯燕国，燕国派人前来求救。齐桓公听从了管仲的意见，最终决定派兵去攻打入侵燕国的山戎。附近有个无终国，和山戎有仇，燕国的君主燕庄公就劝齐桓公联合无终国一起攻打山戎。于是，无终国的一支军队加入到讨伐山戎的大军之中。

出处 《韩非子·说林上》："管仲、隰（xí）朋从于桓公伐孤竹，春往冬返，迷惑失道。管仲曰：'老马之智可用也。'乃放老马而随之，遂得道。"

释义 途：路。老马认识走过的路。比喻阅历多、经验丰富的人能看清方向，办事熟悉。

近义词 谙（ān）熟门路 **反义词** 少不更事

造句 李教授老马识途的经验，正是带领我探索学术奥秘的最佳指引。

山戎的首领密卢儿听说齐国、燕国、无终国三国联合前来讨伐，就拿上**金银财宝**，带着亲信向北奔逃。齐桓公为了彻底消除北方隐患，决定追击密卢儿，征伐孤竹国。密卢儿来到孤竹国，向孤竹国的国君答里呵求援。答里呵派大将黄花引兵迎战齐军，但黄花被齐军打得大败。黄花逃回城后，建议答里呵把密卢儿杀了，与齐桓公讲和，保全自身。另一个大臣则建议将他们困在迷谷——旱海。于是黄花杀了密卢儿，假意归降，并故意将齐军引入迷谷。

大军在山谷里转来转去，最后迷了路。渐渐地，齐军人马散乱，士气低落。正焦急时，管仲想到了一个办法，说道："大王，很多老马都认识当地的道路，我认为，可以挑选几匹无终国的老马，让这些马走在前面，兴许能找到出去的路。"齐桓公没有别的办法，决定试一试。在老马的带路下，大军最终走出了迷谷。

有经验的老马能够带人走出迷谷，有人生经验的老人同样能为人指点迷津。生活中，如果能多向阅历丰富的人请教经验，会让我们获得更多的启示，未来少走弯路。

知识小卡片

齐桓公称霸

齐桓公（？～公元前643年），姜姓，名小白，春秋时期齐国的国君，春秋五霸之首。齐桓公即位后，任用管仲进行政治、经济改革，使齐国得到了快速发展。他打着“尊王攘夷”的旗号，团结各诸侯国，终成春秋首霸。

成语游戏

“马”字成语

将下列带“马”字的成语补充完整。

信马由____　　____须拍马　　走马____花

一马____先　　____衣怒马　　____马之劳

戎马倥____　　单____匹马　　快马加____

骑马闯迷宫

古时候，有一个女孩骑马从学校回家，路遇迷宫，只有按照四字成语的路线才能走出迷宫。让我们一起为女孩找出回家的路线吧！

→

万	腾	云	万	无
马	奔	驾	上	一
看	里	雾	千	失 →
花	圆	满	成	垂
好	月	成	功	败

下台阶

每个台阶的成语都缺两个字，填好即可走下台阶。

老	马						
	断	章					
		轻	车				
			老	当			
				驾	轻		

三人成虎

在古代，国家之间为了表示能够履行盟约，会互派皇室中人到对方的国家做人质。战国后期，赵国强大、魏国弱小，魏国要将太子派到赵国去做人质，魏王决定让大臣庞恭陪同太子前往。庞恭为人正直，深受魏王的信任，因此有很多人视他为敌。庞恭担心自己远离魏王去赵国之后，会有人趁机**搬弄是非**。于是临行前，庞恭对魏王说："大王，假如有人告诉您，说街市上有老虎，您会相信吗?"

魏王想，街市上人来人往，怎么会有老虎出没，于是立刻回答："当然不会相信。"

庞恭接着问："假如又有第二个人向您禀报，说街市上有老虎，您会不会相信呢?"

出处　《战国策·秦策三》："闻三人成虎，十夫楺椎。"

释义　三个人都说街市上有老虎，别人便以为真有老虎。比喻谣言或讹传一再反复，就会使人信以为真。

近义词　以讹传讹　　**反义词**　眼见为实

造句　很多谣言一听就知道不可信，但三人成虎，说的人多了，大家也就开始相信了。

魏王想了一下，说："**将信将疑**吧！"

庞恭紧接着又问："要是第三个人也禀告您，说街市上确实有老虎，您会相信吗？"

魏王点了点头，说："我可能会相信。"

庞恭便说："热闹的街市哪里会有老虎出没，但如果三个人都说有老虎，人们便会深信不疑。邯郸远在千里之外，比王宫离街市的距离远得多。我将远行，假如今后有三个以上的人非议我，还希望大王能够明察秋毫，不要轻易相信。"

魏王说："我知道了，你放心地去吧！"

果然，庞恭去邯郸不久，便有人搬弄是非，在魏王面前非议他。起初，魏王并不相信，但后来说得多了，魏王就相信了。所以，庞恭回到魏国之后，已经失去了魏王的信任，魏王再也没有召见过他。

所谓**人言可畏**，就是很多话明明知道不可能是真的，但说的人多了，大家也就相信了。在日常生活中，我们对待任何事情都要有自己的分析，绝不能随着别人的说法改变正确的观点，要做到**实事求是**。

知识小卡片

《战国策》

《战国策》是我国古代的文史名著，汇编了从战国到秦汉之间纵横家游说之词和权变的故事。一般认为它既不是一个时代的作品，也不是一个人编写的。《战国策》中蕴含了许多寓言，如“画蛇添足”“狐假虎威”等，千百年来一直活跃在人们的日常语言文字之中，表现出强大的生命力。

成语游戏

成语接龙

试一试，完成下面的接龙游戏。

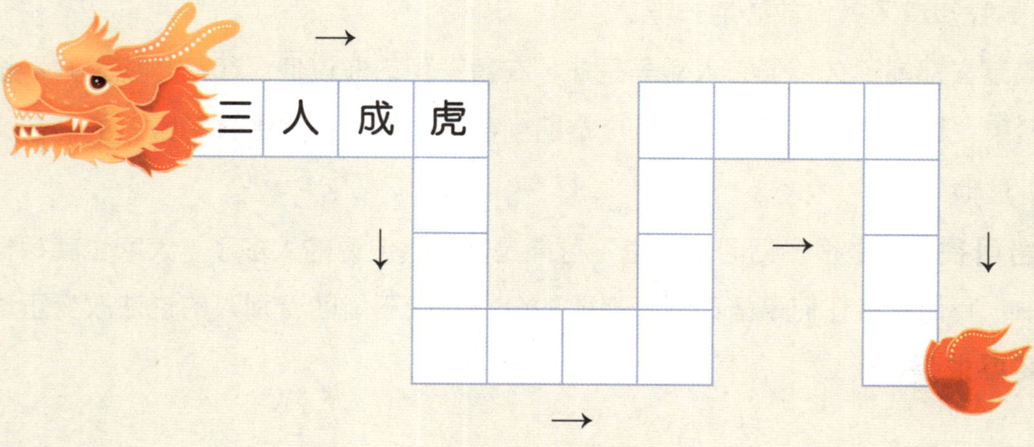

看图猜成语

观察下面的图片，写出对应的成语。

成语：

成语：

成语：

数字成语

将下列以数字开头的成语填写完整。

一			
二			
三			
四			

五			
六			
七			
八			

拔苗助长

宋国有一个庄稼汉，无论晴天还是雨天，每天都要到田地里去耕作。**日复一日**，宋国人重复地劳作着，每天回到家累得一动也不想动，连话也懒得说，十分辛苦。可是，即便如此辛苦，结果却**不尽人意**——一天过去了，两天过去了，三天过去了，地里的庄稼几乎没有什么变化，跟没长一样，真是让人着急啊！

有一天，宋国人劳作了很久，**筋疲力尽**的他坐在田埂上休息，望着大片的庄稼地发愁。

出处 《孟子·公孙丑上》：宋人有闵其苗之不长而揠之者，芒芒然归，谓其人曰："今日病矣！予助苗长矣！"

释义 把苗拔起来，帮助苗快长。比喻违反事物发展的客观规律，急于求成，只能事与愿违。

近义词 操之过急 **反义词** 循序渐进

造句 教育孩子要遵循循序渐进的规律，切勿拔苗助长。

他**自言自语**道："禾苗啊禾苗，我每天**辛辛苦苦**地劳作，你为什么一点儿都不体谅我呢？为什么不快快成长呢？你可要快点儿长高啊，快点儿长高……"他一边念叨，一边顺手扯去衣服上伸出的线头，线头不但没被扯断，反而还扯出来一大截线。宋国人望着线头，惊呼道："我怎么就没想到呢？"随后，只见他一跃而起，兴冲冲地在田里忙碌了起来。

傍晚，宋国人累得满头大汗地回到家里。儿子见状，忙问父亲怎么累成这样。宋国人**扬扬自得**地说："我帮助田里的每棵秧苗都长高了一大截。"儿子听完疑惑不已，于是跑到田里看了一眼。不承想，田地里的秧苗大多都干枯了，剩下的也都耷拉着。原来，宋国人把秧苗往上拔了，看起来似乎长高了不少，实际上彻底断绝了秧苗的生机。

万物都有自己的成长规律，我们可以通过努力去达成目标，却不能操之过急，强行改变自然规律，最后只会落得相反的下场。

知识小卡片

《孟子》

《孟子》是儒家经典著作。全书共七篇，由孟子弟子记录并整理而成。书中主要记录了战国时期思想家孟子的治国思想和政治策略。

成语游戏

动词填成语

在下列空格处填上动词，使之成为完整的成语。

（ ）苗助长　　（ ）牙（ ）爪　　怒目而（ ）

画龙（ ）睛　　（ ）肥（ ）瘦　　闻鸡起（ ）

汉字变变身

你能根据汉字的变化，猜出相应的成语吗？快来试试吧！

- 瓜→爪
- 咕→吟
- 稿→高
- 吝→文
- 苯→茉

成语归归类

将下列成语按照意思归类到对应位置。

硕果累累　坐享其成　坐收渔利　刀耕火种　精耕细作　五谷丰登

劳作：

收获：

不劳而获：

盲人摸象

从前，有五个从来没有看见过大象的盲人，他们都很想知道大象长什么样子，因此，他们相约来到王宫，希望国王能够满足他们的愿望。国王听后，欣然应允，命人牵来一头大象。

于是，几个盲人**兴高采烈**地来到大象跟前，伸手触摸大象。可大象实在太大了，他们都只能摸到大象的一部分 —— 有一个摸到了大象的耳朵，有一个摸到了大象的腿，有一个摸到了大象的身体，有一个摸到了大象的尾巴，还有一个摸到了大象的牙。摸完之后，国王让他们分别说说大象长什么样。

摸到大象耳朵的盲人说：“大象就像一把大蒲扇，宽宽的，扁扁的。”摸到大象腿的盲人说：“不对，它又圆又高，应该像一根圆圆的柱子才对。”摸到大象身子的盲人立刻反驳道：“大错特错！大象厚实宽大，应该像一堵墙才对。”摸到大象尾巴的盲人连忙说：“你们都不对，大象没有那么大，也没有那么宽，更没有那么粗，它实际上长得像一根草绳。”摸到牙齿的盲人也不甘示弱，急忙说：“大象其实就像一根大萝卜。”

盲人们都认为自己摸到的是大象真实的样子，意见各不相同的他们因此争论了起来。国

出处 《大般涅槃经》三二："其触牙者即言象形如芦菔根，其触耳者言象如箕，其触头者言象如石，其触鼻者言象如杵，其触脚者言象如木臼，其触脊者言象如床，其触腹者言象如瓮，其触尾者言象如绳。"

释义 比喻对事物只凭片面了解或局部的经验，就会以偏概全，妄加揣测。

近义词 管中窥豹 **反义词** 洞察一切

造句 看事情要全面分析，切勿盲人摸象，以偏概全。

王看他们如此认真地在那里争论，忍不住**哈哈大笑**了起来。

其实，在现实生活中也有很多这样的道理。很多时候，我们看到的仅仅是事物的一面，如果把这一面当成事物的全部真相，**以偏概全**，就会闹出盲人摸象的笑话。

知识小卡片

大象

大象多产于印度、非洲等热带地区，是目前陆地上体型最大的哺乳动物。它们的门牙极长，通常以家族为单位活动，可供劳役、交通工具。现在主要有亚洲象和非洲象两大类。

成语游戏

盲人摸象

五个盲人在摸象，他们觉得自己摸到的是什么呢？
请将下列图片与对应位置连起来。

耳朵　尾巴　腿　身子　牙齿

成语猜谜

根据左侧的谜面，在右侧空白处写出对应谜底。

- 四通八达 ______
- 盲人摸象 ______
- 举重比赛 ______
- 无路可走 ______

近义词成语

请将下列左右两边的近义词用线条连起来。

见多识广	应有尽有
盲人摸象	博古通今
包罗万象	管中窥豹
坐井观天	以偏概全

画龙点睛

南北朝时期的梁朝有一个有名的大画家，名叫张僧繇。张僧繇绘画技艺高超，信奉佛教的梁武帝在修建寺庙的时候都会请他去作画。

有一年，梁武帝让张僧繇在安乐寺的墙壁上画四条金龙。张僧繇仅用三天时间便画好了，并且画得**栩**（xǔ）**栩如生**，就像真龙伏在墙壁上一样。

张僧繇画完之后，慕名前来参观的人都夸他画得好。不过，当人们走近细看时，发现墙壁上的四条龙全都没有点上眼睛，于是众人纷纷请求他把龙的眼睛给点上去。张僧繇说："给龙点上眼睛并不难，但点上之后，这龙就无法留在墙壁上了。"

听完张僧繇的话，大家谁也不信，都认为他在说谎。无奈，张僧繇只好答应给龙点上眼睛。这一天，很多人在画了龙的墙壁前围观，张僧繇当着众人的面，用画笔给其中两条龙轻轻地点上眼睛。顷刻之间，天空乌云密布，四周**电闪雷鸣**、狂风四起，人们看到点上眼睛的龙腾空而起，**张牙舞爪**地驾着云雾向天空飞去。

出处 唐·张彦远《历代名画记》卷七：“武帝崇饰佛寺，多命僧繇（yáo）画之……金陵安乐寺四白龙不点眼睛，每云：‘点睛即飞去。’人以为妄诞，固请点之。须臾雷电破壁，两龙乘云腾去上天，二龙未点眼者见在。”

释义 比喻在写作或讲话时，在关键处用一两句精彩的话点明要旨，使之更为精辟传神，生动有力。

近义词 妙笔生花　**反义词** 画蛇添足

造句 张老师的这一笔，犹如画龙点睛，让人物看起来更栩栩如生了。

随后，天空逐渐放晴，人们看到墙壁上只剩下没有点上眼睛的两条龙，另外两条点了眼睛的龙早已不知去向，都惊得一句话也说不出来。

这里我们不仅可以领略到张僧繇高超的绘画技巧，同时也要明白，做任何事情时，如果能把握事情的关键，在关键处下功夫，才能有效地解决问题。

知识小卡片

张僧繇

张僧繇，南朝梁吴中（今江苏苏州）人，著名画家，擅长佛道题材，在江南绘制了大量壁画，还奉命给君主画过肖像。他常常独辟蹊（xī）径，善于吸收和消化外来艺术，并将书法的用笔技巧融入绘画，画面表现力丰富。张僧繇的绘画艺术对后世影响颇大，与顾恺之、陆探微、吴道子并称为“画家四祖”。

成语游戏

龙争虎斗

请在右边空格中填上适当的字，组成六个成语。

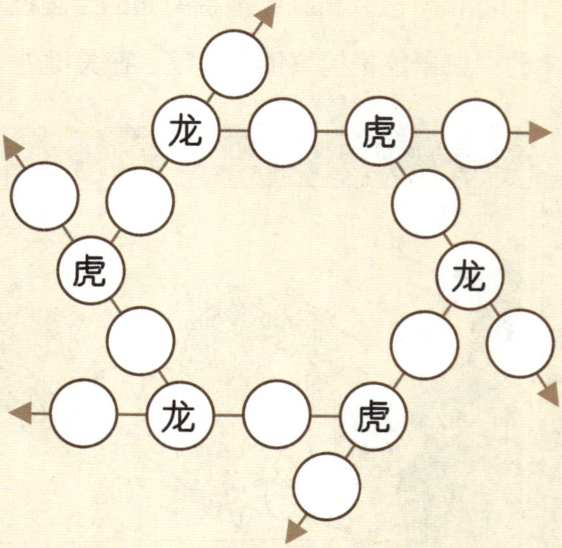

“眼”类成语

眼睛是非常重要的器官，下面都是与眼睛相关的成语，赶快去填一填吧！

火____金____	低眉顺____	____不转睛
____不暇接	____高手低	刮____相看
眉来____去	____花缭乱	万众瞩____

人物故事

把和下列成语相关的人物用线连起来。

画龙点睛	文 同
刮目相看	诸葛亮
七步之才	张僧繇
初出茅庐	曹 植
胸有成竹	吕 蒙

望洋兴叹

在很久很久以前，黄河里住着一个水神，名叫河伯。河伯时常站在黄河岸边，看着黄河**浩浩荡荡**地由西滚滚而来，又奔腾着向东而去，不禁感慨道："黄河真壮观呀！在这个世界上，恐怕没有哪条河流能跟黄河相提并论的了。"

有人却告诉他，说："你说得不对，东边的北海才叫壮观呢！"河伯说："我不相信。北海再大，怎么可能大得过黄河。"那人说："就是再来几条黄河，也不可能比北海大。"河伯还是不相信，说："**眼见为实**，没有见到的话，我是不会相信的。"那人没办法说服他，只能说："如果有机会，你可以亲自去看看，到时候就知道了。"

秋天到来，暴雨如注，大大小小的河流**源源不断**地注入黄河，使黄河的河面更加宽阔了，隔河相望，连对岸的牛马都分不清了。看到这个情景的河伯更加得意了，认为天下最壮观的景象就在自己这里了。得意之余，他想到有人跟他说过北海如何浩大，于是决定亲自去看一看。

河伯顺着河流，一路往东前行。突然，他看到海神——北海若正微笑着欢迎他的到来。来到北海的河伯放眼望去，只见这里一片汪洋，**无边无际**。他呆呆地看了许久，这才知道

出处 《庄子·秋水》："于是焉，河伯始旋其面目，望洋向若而叹曰：'野语有之曰：闻道百，以为莫己若'者，我之谓也。"

释义 本义指在伟大的事物面前感叹自己的渺小，今多指要做一件事而力量不够，感到无可奈何（望洋：抬头向上看的样子）。

近义词 无可奈何 **反义词** 妄自尊大

造句 当我们了解伟人的思想之后，都会禁不住产生一种望洋兴叹的感觉。

自己之前是多么的自大，于是感叹道："俗话说'只懂得一点儿道理，就以为没有比自己强的了'，说的就是我了。如果不是今天亲眼看到北海的浩瀚无边，我还沉醉在自己的世界里，以为黄河天下第一呢！那岂不是**贻笑大方**了。"

见识越广，越有智慧，内心也会越谦逊。我们应该多读书，从知识的海洋中汲取营养，增强我们的智慧，滋养我们的灵魂；我们应该多看看外面的世界，开阔眼界，增长见识，让内心世界变得更加广阔。

知识小卡片

《庄子》

《庄子》，又名《南华经》，由战国哲学家庄子及其后学所著。《汉书 · 艺文志》著录《庄子》五十二篇，现仅存郭象注本保留下来的三十三篇。其中内篇七篇，一般认定为庄子著；外篇、杂篇可能掺杂有他的门人和后来道家的作品。

成语游戏

看图猜成语

请根据下列人物的动作、表情，猜猜这是哪个成语。

成语：

成语阶梯

试着在空格中填上适当的字，让每个台阶组成一个成语。

望		兴					
	洋		百				
		相		益			
			得		应		
				心		神	

“洋”的世界

你还知道哪些带“洋”字的成语，试着完成下面的成语填空。

洋			
		洋	
	洋		
			洋

惊弓之鸟

战国时期，魏国有一个人，名叫更羸，是一位**举世无双**的射箭高手。有一天，更羸和魏王一起到郊外打猎，看到一只鸟从头顶上空飞过。更羸便对魏王说：“大王，我不用箭，只要拉一下弓，就能将天空中的飞鸟射下来。”魏王说：“你射箭的本领已经达到这种程度了吗？”更羸说道：“当然。”

说话间，有一只大雁从东边飞来。当大雁靠近之后，更羸便举起弓，拉了一下弦，大雁就从半空中坠落下来。

魏王看到之后震惊不已，说道：“你竟然真的做到了。”接着又问更羸：“你是如何做到的呢？”更羸解释道：“其实没有什么特别的，只是因为这只大雁受过伤，受惊之后，引动创伤才会坠落下来。”

魏王听后更加疑惑了，问：“那你是怎么知道这只大雁受过伤的呢？”

更羸继续对魏王说：“这只鸟飞得很慢，叫声悲鸣。”魏王依旧一脸茫然，更羸便接着说，“飞得慢，代表它受过伤；叫声悲鸣，说明它脱离同伴的时间比较久。弓弦声响，它受到惊吓，

出处 《战国策 · 楚策四》："雁从东方来，更羸（léi）以虚发而下之。'……故疮未息，而惊心未去也。闻弦音，引而高飞，故疮陨也。'"

释义 被弓箭吓怕了的鸟。比喻受过惊吓，遇到类似情况就惶恐不安的人。

近义词 心有余悸　**反义词** 无所畏惧

造句 吃了败仗的敌人犹如惊弓之鸟，仓皇逃跑。

就会拼命往高处飞，伤口必然会再次裂开。裂开后的伤口会非常疼痛，它就再也飞不动，而从空中掉下来了。"

处境越是艰难，身心越容易受到惊吓和伤害。只有自身的身体和内心都变得强大，才能在高空中自由地飞翔。我们要时常锻炼自身，一点一点地成长起来、强大起来，才能不做那只受惊坠落的鸟儿。

知识小卡片

狩（shòu）猎

在漫长的历史长河中，早期人类就是依靠狩猎和采集野生植物为食而生存的。狩猎是一种原始而古老的生产生活方式，曾经在人类文明的进程中发挥过重要的作用。

成语游戏

鸟名填成语

读读下列成语，看看分别填入哪些鸟类，能够将其组成成语。

（　）（　）无声　　大（　）展翅

（　）（　）学舌　　（　）击长空

（　）（　）涅槃　　沉鱼落（　）

（　）占（　）巢　　风声（　）唳

我说你猜

请根据下面的语言，猜出相关的成语，填到方格中。

1. 哇，山中鸟在鸣叫、百花飘香。
2. 这只鸟很笨，但它勤奋练习，所以最先飞起来的哟。
3. 一个人丢出一块石头，掉下来了两只鸟。
4. 不要害怕，这不是蛇，这是弓箭投下来的影子。
5. 只是拉了一下弓弦，飞鸟就吓得落下来了。

1.	鸟			
2.		鸟		
3.				鸟
4.		弓		
5.		弓		

曲高和寡

战国时期，楚国有一个大文学家，名叫宋玉。宋玉与景差、唐勒等人一起继承并发扬了楚辞，虽然没能超过楚辞的创始人——屈原的成就，但在同一时代的人当中，他的成就是最令人瞩目的。

宋玉文才出众，**能言善辩**，楚襄王十分赏识他，而这也遭到了许多人的嫉恨。于是，有人开始在楚襄王面前说他的坏话。刚开始，楚襄王还不相信，但说的人多了，就慢慢怀疑了起来。

有一次，楚襄王问宋玉：“先生近来有行为失察的地方吗？为什么很多人都在说你不好呢？”宋玉尽可能向楚襄王解释清楚事情的真相，并表明

出处 战国楚·宋玉《对楚王问》："客有歌于郢（yǐng）中者，其始曰《下里》《巴人》，国中属而和者数千人；……引商刻羽，杂以流徵，国中属而和者，不过数人而已。是其曲弥高，其和弥寡。"

释义 曲：曲调；和：跟着别人唱；寡：少。乐曲的格调越高，能跟着唱的人就越少。比喻思想言论或文艺作品不通俗，能理解的人很少。

近义词 阳春白雪　**反义词** 雅俗共赏

造句 这种没有伴奏的清唱音乐，由于曲高和寡，根本没有什么市场。

自己的立场。楚襄王听了之后，感到非常疑惑，说："你说的确实是事实。可是，怎么会有那么多人跟你不合呢？"宋玉镇定地解释道："请大王听我讲一个故事吧。不久前，有一个外来的客人来我们郢都唱歌。刚开始，他唱了**通俗易懂**的《下里》《巴人》，郢都城中有上千人喜欢并跟着他唱。之后，他唱了没有那么通俗的《阳阿》《薤露》，虽然比刚开始少了一些，但还是有几百人跟着他唱。再后来，他唱了格调高雅的《阳春》《白雪》，城中跟着他唱的人就只剩几十个了。最后，他用格调高雅的商音、羽音和流利婉转的徵（zhǐ）音歌唱，城中跟着他唱的人就没剩下几个了。由此可见，曲子的格调越高雅，跟着唱的人越少。也就是说，圣人的思想和行为远远超过一般人，一般人怎么可能理解得了呢？"听完之后，楚襄王**恍然大悟**。

其实，一个人不受大众欢迎，有时候并不一定是他有问题，只是他与大众不同，人们无法真正地了解这个人罢了。"木秀于林，风必摧之"，很难说应该怪木长得太优秀，还是说风太不讲道理。我们只要懂得：人与人之间是会有所不同的，只要不做违背良心、法律和道德的事情，就应该受到接纳和尊重。

知识小卡片

浪漫的诗歌——楚辞

楚辞是先秦诗歌的重要组成部分，大量运用了楚地的方言声韵和民歌样式，融合了楚地的文化特色，为后世留下了宝贵的文学遗产。楚辞最具代表性的作者是屈原。屈原的诗歌，语言奇美、构思奇绝、想象奇特，展现出浪漫主义风格，为中国诗歌史增添了一抹重彩。

成语游戏

成语接龙

试一试，完成下面的接龙游戏。

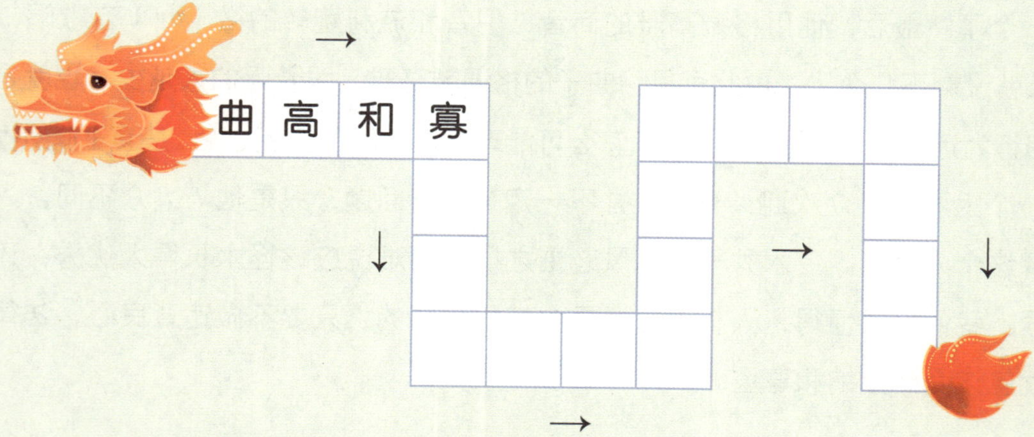

成语填空

根据文字内容，填入适当的成语。

曲高和寡　　高山流水　　对牛弹琴

① 知音说与知音听，不是知音莫与谈。意思是说，不要（　　　　）。

② 伯牙遇知音，碎琴当无悔。在这里，伯牙遇知音的曲子是（　　　　）。

③ 真正的大道，懂的人很少；真正高妙优美的声音，能听懂的人也很少。用（　　　　）来形容最贴切不过了。

森林音乐会

森林里的小动物们举办了一场音乐会，让我们把下面和这场音乐会相关的成语补充完整吧！

节目：不同凡__　　群英__ __

曲调：南__北调　　__高和寡

表演：轻__曼__　　__ __喧天　　引吭高__

白头如新

邹阳，西汉初期的齐国人，擅长文辞。一开始，邹阳是吴王刘濞（bì）的手下，后来吴王谋反，邹阳劝谏吴王没有效果，于是改投了梁孝王刘武门下。

邹阳智略超群、慷慨不苟合，因此，他遭到了羊胜、公孙诡等人的嫉恨，他们经常在梁孝王面前说邹阳的坏话。梁孝王误信谗言，命人将邹阳审讯定罪，准备杀掉邹阳。邹阳的心中非常愤懑，想着：“死不可怕，就怕死后还要承担‘莫须有’的罪名。”于是，他在牢狱中给梁孝王写了一封信，信中列举事实说明：“待人真诚就不会被人怀疑，纯粹是一句空话。”

他写道：“荆轲冒死

出处 汉·邹阳《狱中上书自明》：“白头如新，倾盖如故，何则？”

释义 指相交虽久但并不知己，像刚认识一样。

近义词 素不相识 **反义词** 一见如故

造句 虽然跟老王共事这么多年，但仍然有一种白头如新的感觉。

为燕太子丹去行刺秦始皇，可是燕太子丹却一度疑虑荆轲**畏缩不前**，不敢立刻出发。卫先生为秦王**出谋划策**，天空也现出吉兆，秦昭王还是疑虑重重。卞和将宝玉献给楚王，可是楚王不仅不信，还下令砍掉了他的脚。李斯尽力辅助秦始皇执政，使秦国富强，结果被秦二世处死。所以，俗话常说：‘**白头如新**，**倾盖如故**。’有些人认识一辈子，头发都白了，也未必相互了解；有些人即使刚认识，也能像老朋友一样熟悉对方。这是为什么呢？这是因为，双方都不了解对方、不信任对方，这种了解和信任，跟时间的长短没有关系。……”

梁孝王读完邹阳的这封信之后，十分感动，于是他立即派人将邹阳从牢狱中释放出来。出狱后的邹阳更加敢于直谏，梁孝王也待邹阳为上宾，经常听从邹阳的谏言。

在未来的生活中，我们会遇到一见如故的人并与之成为朋友，也会遇到认识很久也不了解彼此的人。我们应该珍惜生活中的朋友，因为有机会相识并相处成为朋友是人生中非常幸福的事情。

知识小卡片

七王之乱

西汉时期，为了把权力集中到中央，汉景帝采用了大臣晁错的《削藩策》，先后下诏削夺了楚国、赵国等诸侯国的封地。而这一举措让诸侯王十分不满，于是吴王刘濞联合六位刘姓诸侯王，以“清君侧”的名义发动叛乱。由于梁国的坚守和大将周亚夫的反击，诸侯王的叛乱三个月内就被平定了。

成语游戏

成语彩虹

用彩虹的七种颜色，来填成语吧！

（ ）草如茵　　　　（ ）肥（ ）瘦

（ ）出于（ ）　　　　炉火纯（ ）

（ ）手空拳　　　　灯红酒（ ）

姹（ ）嫣（ ）　　　　面红耳（ ）

看图猜成语

观察下面的图片，试着写出对应的成语。

成语：

成语：

成语：

反义词成语

根据左侧成语的意思，试着写出它的反义词。

白头如新	
遗臭万年	
惹是生非	
救死扶伤	

愚公移山

传说，在很久很久以前，冀州的南面、河阳的北面有两座大山，一座叫王屋山，一座叫太行山。这两座大山，占地七百余里，山势雄伟。

山的北面，住着一位年近九十岁的老汉，他发须花白，大家都叫他愚公。愚公家的大门正好面对着这两座大山，每次出门都要绕很远的路，十分不便。为此，愚公一直烦恼不已，

出处 《列子·汤问》：北山愚公者，年且九十，面山而居。惩山北之塞，出入之迂也，聚室而谋曰："吾与汝毕力平险，指通豫南，达于汉阴，可乎？"杂然相许。

释义 比喻以顽强的毅力和不怕困难、人定胜天的斗争精神去征服自然、改造世界。

近义词 精卫填海 **反义词** 知难而退

造句 他做事情有一种愚公移山的精神，所以总能一点点实现自己定下的目标。

于是他下定决心，要带领全族人，一起把这两座大山夷平。

说干就干，上到老人、下到孩童，愚公带着一家老小挖泥搬土，将挖出来的泥土、石块运到渤海边扔掉。他们**日复一日**，**热火朝天**地干着，一年四季都很少回家休息。

这个地方，同样住着一个老汉，这个老汉平时非常精明，大家都叫他智叟（sǒu）。智叟说愚公傻，并劝解他。愚公却说他比自己还傻，还说自己虽然年长，但是还有子孙，而山却不长了，终有一天能搬完。

愚公一族就这样继续挖土搬山。后来，这件事情被天庭知道了，天庭被愚公顽强的精神深深地感动，于是派大力神下凡，将两座山背走了。从此以后，冀州和汉水的南面再也没有高山阻挡，愚公一族出行也不再受到阻碍了。

智叟虽然名为智叟，实则不"智"，他的理论看似聪明，但他看待问题的眼光是静止的、孤立的，按照他的思路做事情不可能有长久的发展。愚公名为愚公，实则不"愚"，他的行为看似愚笨，其实他是以发展的眼光看待问题的，并且能以顽强的毅力、不畏艰险的精神**坚持不懈**地改造生活。愚公的精神，才是值得我们去领悟和学习的精神。

知识小卡片

《列子》

相传该书为战国列御寇所著，《汉书·艺文志》记载《列子》有八篇，早佚。现如今所看到的《列子》八篇，从语言、内容和思想上看，可能是晋人作品。内容多为民间故事、寓言和神话传说。

成语游戏

成语接龙

试一试，完成下面的接龙游戏。

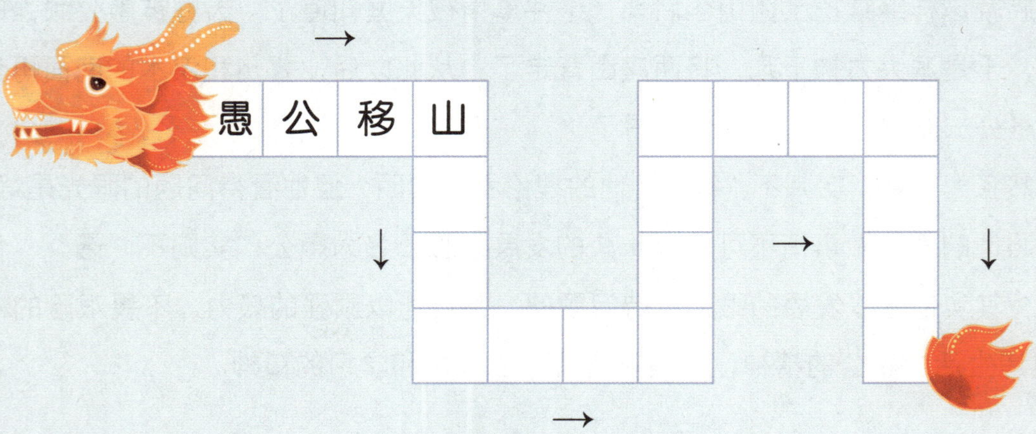

“智慧”成语

根据描述，选择适当的成语填在空白处。

大巧若拙　　大音希声　　大象无形

例　看似愚蠢，其实是一种大智慧　→　大智若愚

1　最美妙的声音，乃无声之音　→　______

2　大的气象，不会轻易显现出来　→　______

3　真正的灵巧看似笨拙，实际藏而不露　→　______

曲突徙薪

古时候，有一户人家盖了新房，亲友和邻居都前来道贺，还称赞房子建得好，房屋主人听了之后也非常高兴。这时，有个客人对房屋主人说："厨房的烟囱笔直地通向上方，灶膛里的烟灰飞出烟囱之后，很容易落到屋顶上，引发火灾。建议您把烟囱改为曲形的，再把柴草搬到相对安全的地方去。"

房屋主人听了这些话后，有点儿不开心，但是什么话也没有说。

没过多久，这家的房屋失火了，失火原因竟然

出处 《汉书 · 崔光传》："人谓主人曰：'乡使听客之言，不费牛酒，终亡火患。今论功而请宾，曲突徙（xǐ）薪亡恩泽，焦头烂额为上客耶？'"

释义 突：烟囱；徙：迁移；薪：柴火，避免发生火灾。把烟囱改成弯曲的，把灶旁的柴火搬开。比喻事先采取措施，防患于未然。

近义词 防患未然、未雨绸缪 **反义词** 亡羊补牢

造句 生活中，我们要有曲突徙薪的思想，懂得防患于未然。

真的验证了那位客人说的话。不过，好在邻居们奋力救火，最终把大火给扑灭了。为了答谢帮忙救火的众人，房屋主人便杀牛备酒，准备酒席。酒席上，房屋主人将那些救火时被烧伤额头的人请上上座，其他人按出力大小安排座次，而那个提前建议房屋主人改烟囱、搬柴草的人却没有受到邀请。

开席之前，有个邻居对房屋主人说："如果当初听了那位客人的建议，就不会有后面的火灾，也不需要办酒席酬谢大家了。现在请客，论功酬谢，您请被烧伤额头的人坐上座，怎么不感谢那个提前示警的人呢？"主人听到这番话后，顿时**醍**（tí）**醐**（hú）**灌顶**，连忙将那位提前示警的客人请来了。

所以，我们做事情的时候，要学会**防患于未然**，多多听取别人的意见，如果别人讲得有道理，就去做。这样的话，会让我们做起事来更加顺利，避免造成不必要的损失。

知识小卡片

《汉书》

《汉书》主要为东汉班固所著，是继《史记》之后我国古代又一部重要史书，其内容包括本纪十二篇、表八篇、志十篇、列传七十篇，共一百篇，后人划分为一百二十卷。《汉书》是中国第一部纪传体断代史。

成语游戏

正确读音纠察

请将下列成语中加点字的正确读音找出来。

呼天抢 qiǎng qiāng 地

丢三落 là luò 四

曲 qū qǔ 突徙薪

螳臂当 dāng dǎng 车

如法炮 páo pào 制

安步当 dāng dàng 车

图穷匕见 jiàn xiàn

便 biàn pián 宜行事

错字找找茬

请将成语中的错字找出来，按照示例的样子把正确的字写在横线上。

例：曲突徒薪　徒→徙

卑恭屈膝　______

鞭僻入里　______

暴诊天物　______

变本加历　______

按图索冀　______

暗然伤神　______

填成语

在下列框格中填上适当的文字，使框格中的内容从左到右能够组成成语。

曲			
突			
徙			
薪			

一鸣惊人

春秋战国时期，楚庄王在登基后，为了稳定楚国的政局，他假装不理政事，每天只知道吃喝玩乐，如果有人劝谏，他还会处罚前来劝谏的人。

一晃眼，三年过去了。楚国的局势越来越不稳，周边国家也**虎视眈**（dān）**眈**，许多忠心的大臣对此忧心不已。当时的右司马便巧妙地利用暗语来暗示楚庄王，说：“臣见过一种鸟，它停留在南边的山坡上，三年不展翅，三年不高飞，三年不鸣叫，一味地沉默着，这是什么原因呢？”

楚庄王心里明白右司马这是在暗示自己，便说：“三年不展翅，是在等到羽翼丰满；三年不飞翔、三年不鸣叫，是为

出处 《韩非子·喻老》："虽无飞，飞必冲天；虽无鸣，鸣必惊人。"

释义 鸣：叫。一声鸣叫让人震惊。比喻平日默默无闻的人，突然获得优异成绩，从而引起人们的惊异。

近义词 一飞冲天 **反义词** 默默无闻

造句 一鸣惊人的背后，往往是长久的、默默无闻的努力。

了探查民情。这只鸟虽然一直没有飞，但它必定**一飞冲天**；虽然一直没有鸣叫，但它必定**一鸣惊人**。你不用担心，我明白你的意思了。"

之后，楚庄王便着手处理政务。他废除了十项有碍楚国发展的刑法，兴办了九项对楚国发展有利的事，除掉了五个**贪赃枉法**的大臣，起用了六位隐士参政议政，把国家治理得**井井有条**。

国内政局好转之后，楚庄王开始出兵征伐。他在河雍战胜了晋军，在徐州打败了齐军，并在宋国大会诸侯。自此，楚国称霸天下。

楚庄王在自己力量不足的时候，懂得**休养生息**，积蓄力量，静待时机；在自己羽翼丰满之后，**雷厉风行**，**一飞冲天**。他懂得适时地沉默，没有把没有意义的东西张扬出来，所以能够成就大业。有时候，有大才干的人成就虽然稍晚一些，但他的沉默不过是为高飞积蓄力量罢了。

知识小卡片

楚庄王

楚庄王，也叫熊侣，是春秋时期楚国的国君，春秋五霸之一。楚庄王在位23年，深谙韬光养晦之道，非常具有治国之才。在解决内患之后，他任用孙叔敖，重视社会生产，致力于经济发展，充实了国力。在邲（bì）之战中大败晋军，陆续使鲁、宋、郑、陈等国归附，成为春秋五霸之一。

成语游戏

数字成语

下面都是带“一”字的成语，试着将其补充完整。

一（ ）风顺　　一（ ）千里　　一（ ）十寒

一（ ）而散　　一叶知（ ）　　一（ ）惊人

一览无（ ）　　一（ ）道破　　一语破（ ）

广告词找原身

下列成语都是被改换后的广告词，请将其还原为本来面貌。

随心所浴→

衣鸣惊人→

你来我网→

别具一革→

天长地酒→

成语铁三角

填文字，使下列等边三角形能够完成首尾相接的成语接龙。

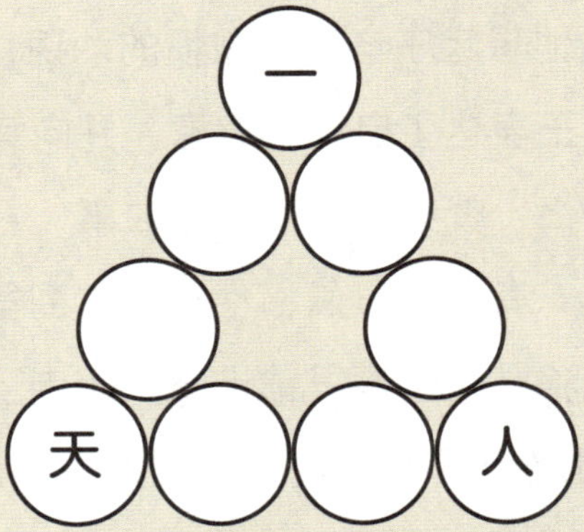

亡羊补牢

战国末期，强盛的楚国逐渐走向衰败。楚国的国君楚襄王即位之后，每天不理政事，只知寻欢作乐，还任用奸臣子兰为令尹。子兰做了令尹之后，把持朝政，败坏朝纲，使楚国的百姓**痛苦不堪**。老臣庄辛看到这种境况，心痛难忍，**坐卧不安**。

有一天，庄辛实在忍不住了，闯进宫中，打算劝谏楚襄王，结果被大王训斥了一番。庄辛见自己一片**赤胆忠心**，得到的却是国君的责骂，**痛心疾首**的他一气之下，便带着全家搬到赵国去了。庄辛离开没多久，秦国大将白起便率大军攻陷了楚国国都郢都。楚襄王仓皇而逃，直到阳城才安全下来，这时他想起庄辛当初激愤的劝谏，后悔不已，便立即派人去赵国请庄辛回来。庄辛回来了，楚襄王表达了自己的歉意，并向其寻求帮助。

庄辛看到楚襄王确实非常后悔，就给他讲了一个故事：

从前，有一个人养了一群羊。有一天早晨，他发现羊圈里少了一只羊，查看之后，才发现羊圈破了一个洞，肯定是夜里狼从这个洞里钻进来，叼走了那只羊。邻居都提醒他赶紧把那个洞口堵上，修一修羊圈，但那个人听了之后不以为意，说：“羊都丢了，再修羊圈还有

出处 《战国策·楚策四》：“见兔而顾犬，未为晚也；亡羊而补牢，未为迟也。”

释义 亡：丢失；牢：关牲口的圈。丢失了羊，就修补羊圈。比喻出了差错，及时设法补救。

近义词 江心补漏 **反义词** 未雨绸缪

造句 在学习过程中，如果发现问题就要及时弥补，因为亡羊补牢，为时未晚。

什么意义呢？”第二天早晨，他又发现少了一只羊，非常后悔自己没有听邻居们的劝，于是他赶紧把羊圈修好。之后，他就再也没丢过羊了。

庄辛是想用这个故事告诉楚襄王：“**亡羊补牢**，为时未晚。”此刻做补救还来得及。

知识小卡片

楚襄王

楚襄王，一般指楚顷襄王，战国时期楚国国君，楚怀王之子。公元前 298 ~ 前 263 在位，当时楚国已处于衰落时期。公元前 263 年，楚顷襄王病死，在秦国做人质的太子熊完逃回楚国继位，是为楚考烈王。

成语游戏

成语归归类

根据下列成语的意思，将它们填到相应类目后。

不可救药　来者可追　防微杜渐

迷途知返　未雨绸缪　执迷不悟

提前准备，提前预防：

亡羊补牢，为时未晚：

泥足深陷，无可救药：

排座位

森林动物聚会，座位都是按照跟各自相关的成语安排的，请把小动物们请到相应的座位上去吧！

守株待 

尖嘴  腮

满腹  疑

如  添翼

引  入室

 入虎口

“羊”圈里的成语

除了“亡羊补牢”，你还知道哪些带“羊”字的成语呢？在下面的方格中试着填一填吧！

羊			
羊			
			羊
			羊

南辕北辙

战国末期，雄霸天下的魏国渐渐衰落，但魏王要称霸的愿望仍然没有消失，于是想出兵攻打赵国。谋臣季梁奉命出使邻邦，走到半路，听到这个消息后，便**风尘仆仆**地赶了回来。

魏王见他匆匆返回，感到非常奇怪，便问其原因。季梁没有直接回答魏王，而是让魏王先帮自己解解惑，随后严肃地说道："在路上，我看见一个人急匆匆地往北走，就问他要去哪里，他跟我说去楚国。于是我问他：'您到楚国去，为什么往北走呢？'他说：'我的马好。'听完他的话，我无法理解，于是又说：'就算你的马好，但这不是去楚国的路呀！'他还不觉得有什么问题，反而对我说：'我的路费也多。'见他如此糊涂，我急忙说道：'就算你的路费多，但这不是去楚国的路呀！'赶路人又指了指他的车夫，炫耀他的车技一流，随后命令车夫扬鞭催马，绝尘而去。"

魏王听完**哈哈大笑**道："真是糊涂。他要去楚国，应该往南走才对啊！"季梁知道魏王没有明白自己的意思，便恳切地说道："大王说得没错。那个赶路人的方向选错了，就算他的马再好、路费再多、车夫的技术再高明，他也到不了楚国。既然大王也觉得是这个道理，那您现在想成为霸主，首先要做的应该是取信于天下，可您想依赖国家强大、兵马强壮，就

出处 《战国策·魏策四》：“犹至楚而北行也。”

释义 辕：车前驾牲畜的两根横木，引申指车；辙：车轮轧过的痕迹，引申指道路。意思是本想往南，而车却向北行。比喻行动跟目的相反。

近义词 背道而驰　**反义词** 殊途同归

造句 他想有好的收入，却不认真工作，这根本就是南辕北辙，又怎么可能会实现呢！

去攻占别国，来扩充自己的领土，提高自己的威望。我认为，您这样做，跟赶路人的行为没有区别，反而越是这样做，离您的宏图大业只会越远。若我说得不对，还请大王恕罪！”

魏王听后，连连称是，便放弃了攻打赵国的计划。

所以，无论做什么事情，我们都应该选择正确的方向，再利用有利的条件前行。如果方向选错了，条件越有利，只会越阻碍前行的道路。

知识小卡片

游说（shuì）

春秋战国时期，各国国君招揽并任用“贤士”，以谋富国强兵之道。因此，一些持有一定政治和哲学主张的“士”，为了得到统治者的信用，往往会率领门徒游说于各诸侯之间。一旦成功，他们就会受到重视而授予官职。

成语游戏

走南闯北

在下列方格中填上适当的文字，使其能组成成语。

南		北	
南		北	
南		北	
南		北	

方位词成语

选择合适的方位词把下列成语填写完整。

七（　）八（　）　　争（　）恐（　）

（　）辕（　）辙　　（　）张（　）望

（　）（　）逢源　　鞍（　）马（　）

近义词成语

请用线条，将下列意思相近的成语连接起来！

南辕北辙	言不由衷
百川归海	众望所归
独一无二	背道而驰
口是心非	举世无双

缘木求鱼

春秋战国时期，齐国的国力逐渐强盛，军马也渐渐多了起来，齐宣王便想称霸天下，却遭到孟子等人的极力反对。

孟子去见齐宣王，询问了他攻打他国的意图，齐宣王说是为了自己的梦想——称霸天下。孟子认为，齐宣王要称霸天下的梦想实现不了，因为这比爬到树上去捉鱼还荒唐。

齐宣王听到孟子这么说，于是问道："有那么严重吗？"孟子说："只会比这更严重。

出处 《孟子·梁惠王上》:“以若所为,求若所欲,犹缘木而求鱼也。”

释义 缘:沿着,顺着;缘木:爬树。爬上树去找鱼。比喻方向或方法不对,做事达不到目的。

近义词 刻舟求剑、南辕北辙 **反义词** 顺藤摸瓜

造句 只有掌握了正确的方法,做事的时候才不会出现缘木求鱼的情况。

爬到树上去捉鱼,顶多捉不到鱼而已,不会有什么损失。但如果您想以武力称霸天下,不但无法实现目标,反而会招来灾祸。而且这种灾祸,是毁灭性的。”孟子接着问齐宣王,“大王认为,作为小国的邹国和作为大国的楚国,如果交战,哪一方能够取胜?”齐宣王**不假思索**地回答道:“当然是楚国了。”

孟子说:“所以说,小国战胜不了大国,人口少的国家战胜不了人口多的国家,弱国战胜不了强国。中国的土地共有九块,方圆千里,齐国只占了其中一块。想用这一块土地上的人力、物力、财力去征服其余八块,这和让邹国去征服楚国有什么区别呢?大王为什么不反向思考一下,从根本上下手,强大自身呢?假如大王能够施行仁政,让天下有才能的人都想到您的朝廷来做官,让天下的百姓都想来做您的百姓,让天下出门旅行的人都想到您的国家来旅行,让天下仇恨自己国君的人都想请您为他们主持公道。假如您能做到这个地步,还有谁能与您为敌呢?”

齐宣王觉得孟子说得非常有道理,便放弃了依靠武力称霸天下的想法,改施仁政了。果然,之后的齐国变得**人才济济**,百姓也更加富足安康。这让我们明白,要想实现一个目标,一定要用对方法,不要去做**缘木求鱼**、白费功夫的事情。

知识小卡片

齐宣王

齐宣王（？～公元前 301 年），名辟疆，战国时齐国国君，公元前 319 ～前 301 年在位。齐宣王时期，齐国的国力最为强盛。其主要成就有光大稷下学宫、会盟诸侯、抗击秦国和营建都城临淄等。

成语游戏

合二为一

动动脑，在等号左侧的空白处填上适当的文字，使它们合在一起后，刚好能填入等号右侧的成语中。

（ ）瞪口呆 ＋ 当局（ ）迷 ＝ （ ）物思人

缘（ ）求鱼 ＋ 乐不可（ ） ＝ 粗（ ）大叶

走（ ）观花 ＋ 争（ ）斗艳 ＝ （ ）虎难下

脱（ ）而出 ＋ （ ）地制宜 ＝ 细嚼慢（ ）

“鱼”的世界

你还知道哪些带“鱼”字的成语，
试着完成下面的成语填空。

鱼			
	鱼		
		鱼	
			鱼

成语T台

在空格内填入恰当的字，
使每行每列成一个成语。

缘		求			
		渴	穿		
			会		通

唇亡齿寒

春秋时期，晋国的国君晋献公想增强自己的实力、扩展自己的地盘，就找借口，说虢国经常侵犯晋国的边境，要派兵攻打虢国。可在晋国和虢国之间，隔着一个虞国。如果要攻打虢国，就必须从虞国路过。

出处 《左传·僖（xī）公五年》：“虢（guó），虞之表也，虢亡，虞必从之。……谚所谓‘辅车相依，唇亡齿寒’者，其虞虢之谓也。”

释义 嘴唇没有了，牙齿就会感到寒冷。比喻关系密切，利害相关。

近义词 辅车相依、休戚相关 **反义词** 你死我活、势不两立

造句 家人之间是唇亡齿寒的关系，彼此之间应该相互帮助，相互理解和包容。

于是晋献公询问大臣们的意见。大夫荀息说道：“虞国的国君**目光短浅**、爱贪小便宜，不如我们利用**价值连城**的美玉和宝马，向他请求借一条路走走。”

荀息见晋献公有些不舍，便接着说：“虞国和虢国，是像嘴唇和牙齿一样相互依赖的近邻。如果我们能够顺利消灭虢国，虞国自然没办法保全自己，您的美玉和宝马迟早还会回来的，只不过暂时存放在虞国国君那里罢了。”晋献公听了，觉得有道理，便听取了荀息的计策。

虞国国君看到晋国送来美玉和宝马，开心得不得了，听荀息说想借道去攻打虞国，便满口答应了下来。虞国的大夫宫之奇听说之后，连忙去劝解，可惜虞国国君不听。宫之奇见状连连叹气，他心里很清楚，虞国离灭亡的日子不远了，便带上一家老小离开了虞国。果然，晋国的军队消灭了虢国之后，回来的路上顺道把虞国也消灭了。

虞国国君因为不明白自己和虢国是相互依附的关系，从而轻易地受到晋国的利诱，才会招致**灭顶之灾**。

知识小卡片

《三十六计》

《三十六计》是根据中国古代军事思想和丰富的斗争经验总结而成的兵书，书中录入了中国古代三十六个兵法策略。而本故事中涉及的计谋——假道伐虢，就被录入到该书中。

成语游戏

身体部位填成语

试一试，用下列身体部位填写成语。

眼　鼻　足　口　心　肺
脑　手　面　头　脾　肝

洗（　）革（　）	（　）直（　）快	嗤之以（　）
低（　）顺（　）	（　）（　）是道	（　）（　）余地
撕（　）裂（　）	（　）舞（　）蹈	沁人（　）（　）

成语猜猜看

根据语言提示，将对应的成语填到下列方格中。

1. 舌头像剑，嘴唇像枪，所向无敌。
2. 嘴唇红红的，牙齿白白，俊美非凡。
3. 没有嘴唇，牙齿就冷。
4. 牙齿依靠嘴唇，嘴唇依附牙齿。

1.	唇			
2.	唇			
3.	唇			
4.	唇			

利令智昏

战国时期，诸侯国之间为了争夺土地，经常互相攻伐。就这样，秦国派出大将白起，攻打韩国，并占领了韩国的野王一带。野王附近，有一个叫上党的地方，当地的官员看到野王被白起**不费吹灰之力**就拿下了，害怕上党也会守不住，于是给赵国写信，说："如果都能得到赵国的庇护，就愿意归顺赵国。"

赵国的国君和大臣，对要不要接受上党的归顺，意见并不一致，于是他们展开了激烈的辩论。

平原君赵胜说："上党这么好的地方，我们不费一兵一卒就可以得到，为什么不要呢？"

平阳君反驳道："就是不费一兵一卒就可以得到，才不能要。平白得到这么大的便宜，只怕会招来大祸。"

赵王当然不甘心就这样失去到嘴的肥肉，于是支持了平原君的主张，并派他去接收上党，打算把上党划为赵国的领地。

秦王听到这个消息后，觉得赵国是存心跟自己过不去，于是让白起带兵去攻打赵国。结果，

出处 《史记·平原君虞卿列传》："鄙谚曰：'利令智昏。'平原君负冯亭邪说，使赵陷长平四十余万众，邯郸几亡。"

释义 利：私利；令：使；智：理智；昏：昏乱。因贪利而丧失理智，不辨是非。

近义词 利欲熏心　**反义词** 见利思义

造句 面对诱惑时，一定要保持清醒的头脑，不能做利令智昏的事情。

赵国四十万大军被秦军歼灭，连国都邯郸都被围困了起来。幸好平原君带着毛遂去楚国求援，说服楚王联赵抗秦，赵国这才解了邯郸之围。

赵王和平原君为了不费吹灰之力获得上党，差点儿让赵国灭亡。他们之所以会失去理智，就是因为贪图利益。所以，在面对利益的诱惑时，我们一定要保持清醒的头脑，不要被看起来**唾（tuò）手可得**的利益诱导，即将陷入险地而不自知。

知识小卡片

白起

白起，战国时期秦国名将。长平之战中，秦国任命白起为统帅，白起针对赵括急于求胜的弱点，佯败后退，诱赵军脱离阵地，进而分割包围、切断他们的粮道，最终取胜，并坑杀了降卒三十万，赵国从此一蹶不振。

成语游戏

成语铁三角

填文字，使下列等边三角形能够完成首尾相接的成语接龙。

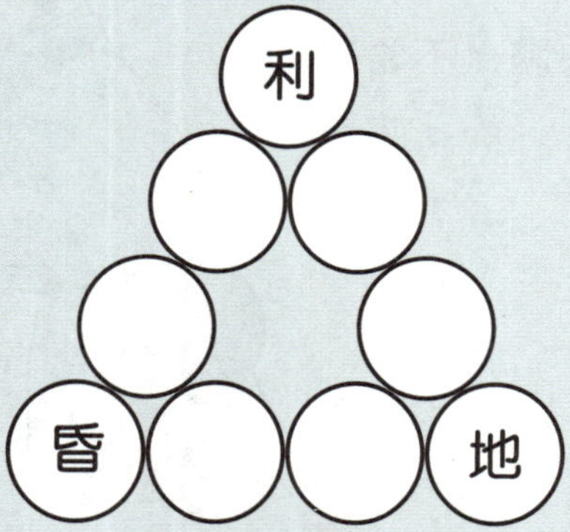

成语填一填

在下面的空格处填入正确的字，使之组成一个成语。

利			
	令		
		智	
			昏

成语连串

填入恰当的文字补充成语，将所填文字连起来可以组一个新成语。赶快动手试一试吧！

□奇百怪	□水千山	□听计从
□令如山	□喻户晓	□愁善感
□紫千红	□火阑珊	□争之地
□不停蹄	□上浇油	□之交臂
成语：	成语：	成语：

病入膏肓

有一天，晋景公生了重病，他听说秦国有一个医术高明的大夫，便派人去请那位大夫来给自己治病。大夫还没有请到，恍惚之间，晋景公做了一个梦，他梦见两个小孩在他的床边悄悄地说话。

一个小孩说："那个厉害的大夫很快就来了，这回我们恐怕要遭殃了，我们躲到哪里去好呢？"

另一个小孩说："不用怕，我们躲到膏之下、肓之上的位置去。不论他用什么药，都到不了那个地方。"

不一会儿，秦国的大夫就到了，仆从立刻将他请进了晋景公的卧室，为晋景公诊断。大夫诊断之后，对晋景公说："你的疾病已经到了膏之下、肓之上，针灸和药都到不了那里，我已经**无能为力**了。"

晋景公听了大夫说的话，惊讶地发现和自己梦中的两个小孩的对话一致，便点了点头，

出处 《左传 · 成公十年》:“公疾病，求医于秦。……医至，曰:‘疾不可为也。在肓之上，膏之下，攻之不可，达之不及，药不至焉，不可为也。’”

释义 膏肓：我国古代医学将心尖脂肪叫膏，将心脏与膈膜之间叫肓，认为是药力达不到的地方。形容病情严重到无法医治的程度。也比喻情况严重到了无法挽救的地步。

近义词 不可救药 **反义词** 药到病除

造句 这个人已经固执到病入膏肓的地步了，一般人很难将其劝服。

说:“大夫的医术真是高明啊!”说完，让人准备厚礼，送大夫回秦国去了。

其实，现实生活中的许多事情也是一样的道理，有些事如果发展到无法救治的地步，不管做什么都无法挽回。所以，我们要珍爱我们拥有的一切，有错必纠、有错必改，不要放任它发展到**无药可医**的地步。

知识小卡片

晋景公

晋景公（？～公元前581年），姬姓，名獳，一名据，春秋时期晋国君主。公元前599～前581年在位，曾打败楚国，使楚庄王、楚共王霸业结束。

成语游戏

找错误

将下列成语中错误的字找出来，并改正。

例：哀声叹气　哀 → 唉

陈词烂调 …… ○ → ○

直接了当 …… ○ → ○

病入膏盲 …… ○ → ○

鬼计多端 …… ○ → ○

出类拔粹 …… ○ → ○

猜谜乐园

请根据成语谜面，猜一猜成语谜底吧！

无所不知 ________

病入膏肓 ________

眉来眼去 ________

目眦尽裂 ________

成语拼拼乐

请你根据例子，把成语补充完整吧！

例：（病）从口入——（入）乡随俗——（病入）膏肓

（ ）土必争——（ ）木皆兵——（   ）不生

（ ）天酒地——（ ）行不一——（   ）巧语

（ ）流浃背——（ ）到功成——（   ）功劳

（ ）峦叠嶂——（ ）类拔萃——（   ）不穷

（ ）本加厉——（ ）险为夷——（   ）多端

讳疾忌医

春秋时期，蔡国民间有个大夫，叫秦越人。他游历过许多国家，很喜欢为平民百姓看病，所以大家都很敬重他。有一次，他来到一个国家，竟将一位“停尸”很多天的假死之人救活了。大家惊叹他的医术，说他是神医扁鹊，有**起死回生**的能力。扁鹊的名声从此传遍列国，真名也渐渐被人们遗忘了。

蔡国的国君蔡桓公听说自己的国家竟然出了这么厉害的人物，便发出布告，想见一见扁鹊。扁鹊看到布告，连忙回到蔡国，去见蔡桓公。

扁鹊走进宫殿，在蔡桓公跟前站了片刻，说道：“主公您生病了，还好目前在肌肤里，不过若不及时治疗，恐怕会更严重。”蔡桓公一听，有些不高兴，连忙摇头说自己没病。扁鹊走后，蔡桓

出处 宋·朱熹《与田侍郎书》："此须究其根原，深加保养，不可归咎求节，讳疾忌医也。"

释义 讳：隐瞒，避忌；忌：惧怕。隐瞒病情，不愿医治。比喻掩饰自己的缺点、错误，不愿接受批评和帮助。

近义词 文过饰非 **反义词** 知错必改

造句 我们不能讳疾忌医，身体不舒服就应该及时地去医院进行检查。

公对身边的人冷笑道："做大夫的，总喜欢给没病的人看病，以此来显示自己的功劳。"

过了十天，扁鹊又去见蔡桓公，此时蔡桓公正坐在园中观景。扁鹊看到蔡桓公的脸色，忧郁地说："主公的病已经进入血脉，如果不抓紧治疗，恐怕会更加严重。"蔡桓公十分不悦，转过头不理会他。扁鹊只好退了出来。

十天又过去了，扁鹊再次见到蔡桓公，他心情沉重地说："主公的病已经到达肠胃，再不医治，会更加严重。"蔡桓公听后**勃然大怒**。扁鹊**长吁短叹**着摇头离去了。

又过了十天，扁鹊第四次来见蔡桓公，但这一次他什么也没说，转身就走了。蔡桓公见状，便派人去问缘由。扁鹊痛心地说："疾病在肌肤里时，药水热敷一下就好了；疾病到达血脉时，可进行针灸；疾病到达肠胃时，可服用汤药；现在已入骨髓，我已经无力回天了。"说罢，收拾行装，连夜逃到了秦国。

五天后，蔡桓公果然病倒了，他浑身疼痛，连忙派人去找扁鹊，但一切都来不及了。

在现实生活中，健康和疾病就是一个矛盾，当遇到矛盾时，一定要敢于承认矛盾，揭露矛盾，并设法解决矛盾，切不可否认矛盾，否则矛盾会越来越严重，最后因无法收拾而后悔不已。

知识小卡片

扁鹊

战国时期医学家，遍游各地行医，擅长各科。《史记》《战国策》中皆有记载他的传记和病案，被后人推崇为脉学的倡导者。今考其所治病人的年代相距甚远，所记载的病案并非出自一人，所以有人认为“扁鹊”可能是古代良医的称号。

成语游戏

选词组成语

用给出的文字，组成适当的成语，填在空白处。

逆 口 言 忠 药 苦 耳 良

＿＿＿＿利于病

＿＿＿＿利于行

九宫格拼拼乐

下列九宫格中是文字的部件，将其组成文字之后，可以组合出一个成语。试试看你能不能组出来吧！

刂	丙	至
疒	艹	阝
勹	纟	余

成语：

成语连台

在空格内填入恰当的字，使每行每列成一个成语。

疾		如			
医		平		秋	
				萧	

鹬蚌相争，渔人得利

战国时期，赵国和燕国的实力都不是很强，但赵惠文王不想着怎么应付对赵、燕两国**虎视眈眈**的秦国，反而打算出兵攻打燕国。

为了避免国破家亡，燕国的苏代来到赵国，求见赵惠文王，希望能说服赵国与燕国和好，联合起来抵抗秦国。苏代见到赵惠文王之后，便给他讲了一个故事。

从前，有一只河蚌，很久都没有上岸了。有一天，太阳照在河岸上，

出处 《战国策 · 燕策二》："今者臣来，过易水，蚌（bàng）方出曝，而鹬（yù）啄其肉，蚌合而箝（qián）其喙。……两者不肯相舍，渔者得而并禽之。"

释义 鹬：一种水鸟；争：争持，对抗。比喻双方相争，两败俱伤，却使第三方得利。

近义词 坐山观虎斗 **反义词** 相得益彰

造句 从林里的小动物如果不团结合作，而是相互争夺，就很容易落得鹬蚌相争，渔人得利的下场。

暖融融的，于是它爬到岸上，张开蚌壳晒太阳。河蚌晒着晒着，觉得浑身暖和和的，舒服极了，于是懒洋洋地打起瞌睡来。就在这时，一只鹬鸟飞了过来。它悄悄地落在河蚌身边，伸出尖尖的长嘴，对着河蚌的肉快速地啄了过去。河蚌一下子就被吓醒了，赶忙把蚌壳一闭，鹬鸟的嘴就这样被蚌壳紧紧地夹住了。鹬鸟和河蚌僵持了很久，谁也不愿意先让一步，大有拼个**鱼死网破**的架势。这时，一个渔翁走了过来，他弯腰把蚌和鹬都捡了起来，开开心心地回家去了。

苏代讲完这个故事之后，赵惠文王猛然惊醒过来，随后便取消了攻打燕国的计划。

如果只知道一味地相互争夺，很容易就成为别人的晚餐。如果我们能够综合考虑，合作双赢，减少双方的损失，就能保存实力，留存最起码的自保能力。

知识小卡片

秦国统一六国后的影响

公元前 221 年，秦王嬴政统一六国，建立秦朝，称始皇帝。从此，中国进入中央集权的帝国时代。后来，秦始皇统一了文字、货币、度量衡，让“书同文，车同轨”，奠定了统一的多民族国家的基础。

成语游戏

人物身份填成语

在空格中填上适当的人物身份名称，就可以组成成语。快来填一填吧！

一介（ ）（ ）

常胜（ ）（ ）

（ ）（ ）肚里能撑船

鹬蚌相争，（ ）（ ）得利

做一天（ ）（ ）撞一天钟

三个臭（ ）（ ）顶个诸葛亮

成语瘦瘦身

有的多字成语减少成分后，意思并不改变，请根据示例为下面的多字成语瘦瘦身吧！

例：鹬蚌相争，渔人得利 ➤ 鹬蚌相争

图穷匕首见 ➤

兵败如山倒 ➤

百思不得其解 ➤

吉人自有天相 ➤

车如流水马如龙 ➤

多字成语填一填

我们常见的成语一般都是四字成语，其实还有五字成语、六字成语等多字成语，而且很多都是大家耳熟能详的。尝试填一填吧！

五字成语

人生（　）不（　）

八（　）不（　）十

独（　）不（　）林

七字成语

山（　）欲来（　）满楼

心有（　）犀一点（　）

人（　）不足（　）吞象

六字成语

人不（　）鬼不（　）

出（　）泥而不（　）

（　）十步（　）百步

八字成语

欲（　）之罪，何患无（　）

鹬（　）相争，（　）人得利

螳螂捕（　），（　）（　）在后

井底之蛙

从前，一口废井中住了一只青蛙，我们暂且叫它“井蛙”吧。有一天，这只井蛙正在井栏上休息，看到一只来自海里的大海龟，它们就聊起天来。

井蛙就对海龟炫耀说：“你看，我住的地方多好啊！住在这里多快乐啊！开心的时候，我就跳到井栏边悠闲地观看风景。如果累了，我就回到井里，露出头，把身体泡到水里，**安安静静**地睡在砖洞边。有时候我还会在软软的泥浆中散散步，感觉非常舒适。你看看那些虾、那些蝌蚪，谁也比不上我。最重要的是，我就是这口井的主人，可以在井里**自由自在**地生活。你为什么不来我的井里来游览一番呢？”

那海龟见井蛙把这口井说得这样好，倒真想进去看看。不过，它

出处 《庄子·秋水》："井蛙不可以语于海者，拘于虚也。"

释义 井底看天的青蛙。比喻眼界狭隘、见识短浅的人。

近义词 孤陋寡闻 **反义词** 见多识广

造句 如果不好好学习，去增长我们的见识，就会变得和井底之蛙一样。

刚抬起一只脚，还没来得及把脚伸进井中，就被井栏绊住了。要是它整个儿进去，不得毁了这口井啊。它连连后退了两步，对青蛙说："你见过大海吗？"

井蛙摇摇头，海龟接着说："大海广阔无边，远不止千里；大海浩荡渊深，远不止千丈。在古代，十年有九年会发生水灾，海里的水却不会因此涨多少；之后，八年里有七年大旱，海里的水也不会因此浅多少。可见，因为旱灾减少的水量或因为洪涝增加的水量，对大海都产生不了多少影响。住在这样的大海中，那才叫快乐呢！"

井蛙听了海龟这番话惊呆了，它不知道说什么才好。所以，我们要多多阅读、多出去增长见识，要谦虚，不要自傲，不然就会像井蛙一样，见识短浅而不自知，在别人那里闹笑话。

知识小卡片

大禹治水

大禹，也称“夏禹”“戎禹”，据称是夏朝的建立者。原为夏后氏部落领袖，舜时为司空，奉舜命治理洪水。据后人记载，他领导人民疏通江河，兴修沟渠，发展农业。在治水十三年中，三过家门不入。后因治水有功，被舜选为继承人，舜死后即位。

成语游戏

找“间谍”

下列成语中有一个“间谍”，词性与其他成语都不一样，请你把它找出来填在空白处。

- 井然有序
- 井井有条
- 学富五车
- 美轮美奂
- 坐井观天
- 秀外慧中
- 神采奕奕

“间谍”：

同类相连

请用线条，将下列意思相近的成语连接起来。

坐井观天	临渴掘井
水到渠成	瓜熟蒂落
口蜜腹剑	井底之蛙
临阵磨枪	笑里藏刀

“之”字成语

在下列框格中填上适当的文字，组成成语。

		之	
		之	
		之	
		之	

狐假虎威

战国时期，楚国最强盛的时候，北方各国都畏惧楚宣王的大将昭奚恤，楚宣王为此感到不解，于是他向朝中大臣询问原因。楚国有一个大臣，名叫江乙，他向楚宣王讲了一个故事：

从前，一个山洞里住着一只老虎，它因为肚子饿而出来觅（mì）食。老虎走在一片茂密的森林中，突然看到一只狐狸在散步，于是立刻扑向了它。谁知，这只狡猾的狐狸却说自己是天帝御赐的王中之王，谁若是吃它，必定会被天帝惩罚。说完，镇定且傲慢地看着老虎。老虎见状有些相信了，原先百兽之王的气势也收敛（liǎn）了大半。

狐狸见老虎已经有几分相信了，便挺起胸膛，神气十足地指着老虎的鼻子说："怎么？难道你不相信？那么你跟我来，走在我后面，我们一起去森林里转一圈，看看百兽见到我是不是**俯首称臣**、不敢造次。到时候，你就知道我是不是天帝御赐的王中之王了。"

老虎觉得这个方法不错，便答应了下来。就这样，狐狸**大模大样**地走在前面，老虎就跟在狐狸后面观察。没走多久，它们就来到森林深处，这时，许多正争相觅食的小动物看到走在狐狸后面的老虎，顿时**大惊失色**，四散逃离。见此，狐狸**得意扬扬**地转头看着老虎。老虎见状完全相信了狐狸说的话，不免有些**胆战心惊**。其实，它不知道的是，百兽刚才害怕的是走在狐狸身后的自己。

出处 《战国策·楚策一》："虎求百兽而食之，得狐。狐曰：'子无敢食我也……子随吾后，观百兽之见我而敢不走乎！'……兽见之皆走。虎不知兽畏己而走也，以为畏狐也。"

释义 假：借。狐狸借老虎的威风去吓唬其他野兽。比喻倚仗他人势力来欺压或吓唬人。

近义词 狗仗人势　**反义词** 无

造句 只要我站在身边，家里的宠物狗多多就喜欢狐假虎威地对着小猫咪叫唤。

江乙讲完接着说道："狐狸的威势是借助老虎得以实现的，只是老虎受人愚弄，不知道罢了！"

相信楚宣王听了江乙的故事之后，就明白北方各国为什么畏惧自己的大将昭奚恤了。

在现实生活中，一个人只有用自己真正的能力，才能面对人生的挑战，虚假的东西在遇到强敌时，只会**兵败如山倒**。

知识小卡片

江乙

江乙，又名江一，生卒年不详。魏国人，仕于楚国，活动于楚宣王期间，其事迹多见于《战国策·楚策一》。

成语游戏

成语接龙

试一试，完成下面的接龙游戏。

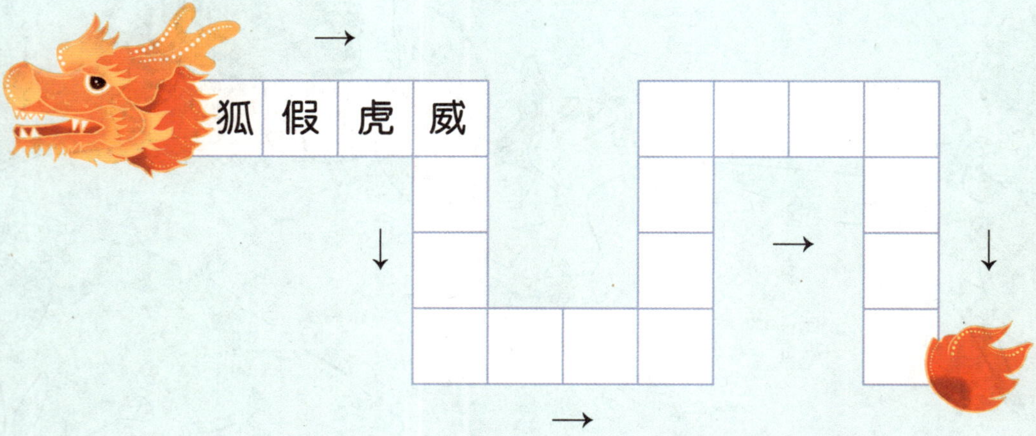

比大小

把下列成语补齐，并用 >、< 比一比所补字个头的大小。

千军万（ ） ○ 呆若木（ ）

惊弓之（ ） ○ （ ）头虎脑

一（ ）二鸟 ○ 愚公移（ ）

（ ）纳百川 ○ 酒（ ）肉林

刻（ ）求剑 ○ 海阔（ ）空

动物王国

用给出的动物，把下列成语填写完整，来看看你能填多少吧！

（ ）朋（ ）友　　（ ）飞（ ）舞　　（ ）假（ ）威

（ ）（ ）混杂　　指（ ）为（ ）　　打草惊（ ）

（ ）目寸光　　（ ）（ ）精神　　（ ）背（ ）腰

一毛不拔

战国时期有许多思想家，其中包括杨朱和墨子。墨子主张兼爱、非攻，也就是反对战争，主张不分亲疏地去爱所有的人，并能为之牺牲一切。而杨朱的观点与墨子的不同，他主张贵生、重己，重视个人生命的保存，反对他人对自己的侵夺，也反对自己对别人进行侵夺。

有一天，墨子的学生禽滑厘向杨朱请教，问道："如果拔先生的一根毛，可以拯救天下，先生会去做吗？"杨朱回答："天下不是拔一根毛就可以拯救的。"禽滑厘继续追问："假如可以拯救，先生会去做吗？"这一次，杨朱没有回答他。

禽滑厘走出房门，把刚刚跟杨朱的对话告诉了杨朱的学生孟孙阳。孟孙阳听后，说："你不明白先生的意思，就让我来替先生说吧。首先，我想先问你一个问题，假如割下你的一块皮肤，能够获得一万金，你会去做吗？"禽滑厘回答："会！"孟孙阳又问："如果砍掉你身体的一部分，能换来一个国家，你会去做吗？"禽滑厘沉默了很久，没有说话。

孟孙阳就继续说："谁都知道，一根毛比一块皮肤要微小得多，一块皮肤比身体的一部分要微小得多。但是，一根根毛是附着在皮肤上的，一块块皮肤是附着在身体上的，它们都

出处 《孟子·尽心上》："杨子取（主张）为我，拔一毛而利天下，不为也。"

释义 连一根毫毛也不肯拔。形容极端自私吝啬。

近义词 爱财如命 **反义词** 慷慨解囊

造句 守财奴的特性就是在现实生活中表现得一毛不拔。

是身体的一部分，怎么能因为它微小而看轻它呢？"

显然，在这次论战中，禽滑厘已经没有理由进行反驳了。

因为这个故事，"**一毛不拔**"后来演变成一个贬义词，用来形容极其吝啬的行为。在现实生活中，不能一毛不拔，但也不能**铺张浪费**，要树立正确的人生观和价值观。

知识小卡片

百家争鸣

百家争鸣指战国时期学术界互相辩争的局面和风气。社会变革激烈，“士”阶层的扩大与私人讲学之风的兴起，长期文化积累和发展，是其形成的重要原因。代表社会各阶级、阶层利益的思想家纷纷著书立说，产生了儒、道、墨、名、法、阴阳、纵横、农、杂等家。

成语游戏

“一”字成语

在下列方格中填上适当的文字，使其横向组成成语。

一			
一			
一			
一			

成语风车

在右边的风车中填入正确的字，使由内向外组成若干条成语，快来挑战吧。

成语等式

试着做一做下面的成语公式，看看能做出几个。

（提示：公式上方填数字，得出的结果再组一个新成语。）

○神无主	○全○美	○石○鸟	○室○空
⊕ ○人成虎	⊖ ○上○下	⊗ ○湖○海	⊘ ○满○平
○○○○	○○○○	○○○○	○○○○

画蛇添足

楚国有个贵族，在祭祀过祖宗后，便把一壶祭祀用的酒赏给门客们喝。但是，由于门客众多，酒却只有一壶，这让门客们有些犯难了。他们觉得，这么多人喝一壶酒，肯定不够，还不如让一个人喝个痛快。可是到底应该给谁好呢？于是，门客们商量出一个好办法：大家各自在地上画一条蛇，谁先画完，这壶酒就归谁。

出处 《战国策·齐策二》："蛇固无足，子安能为之足？"

释义 比喻多此一举，弄巧成拙。

近义词 多此一举、弄巧成拙 **反义词** 画龙点睛、锦上添花

造句 这原本是一场完美的演讲，但收尾的部分感觉有些画蛇添足。

门客们一人拿着一根小棍，开始在地上画蛇。其中一个人画得很快，没多久就把蛇画好了，于是把酒壶拿了过来。正当那个人准备要喝的时候，看见其他人都还没画完，便**得意扬扬**地又拿起小棍，还**自言自语**地说："就算我再给它添上几只脚，他们也未必能画完。"边说还真就给画好的蛇添了脚。

不料，蛇的脚还没画完，手中的酒壶却被旁边的人夺走了，因为那个人的蛇已经画完了。这个给蛇画脚的人就说："是我先画完的，这壶酒应该归我喝。"

那人笑着说："你现在还在画，我却已经画完了，这酒当然应该归我喝。"

给蛇画脚的人争辩道："我的蛇早就画完了，只是看时间还够，给它添几只脚而已。"

那人就说："蛇原本就没有脚，添了脚的蛇还叫蛇吗？你继续添吧，反正这酒你是喝不成了。"说完就不客气地喝起酒来。

那个给蛇画脚的人眼巴巴地看着应该属于自己的酒被别人喝光，心中后悔不已。

现实生活中，也有很多人喜欢**节外生枝**，**自以为是**地卖弄自己，但结果往往**适得其反**，像这个画蛇添足的人一样，**弄巧成拙**。

知识小卡片

蛇

一种爬行动物，身体圆而细长，有鳞片，无四肢。种类很多，有的有毒，有的无毒，吃青蛙等小动物，有的大蛇也吞食大的兽类。

成语游戏

看图猜成语

观察下面的图片，写出对应的成语。

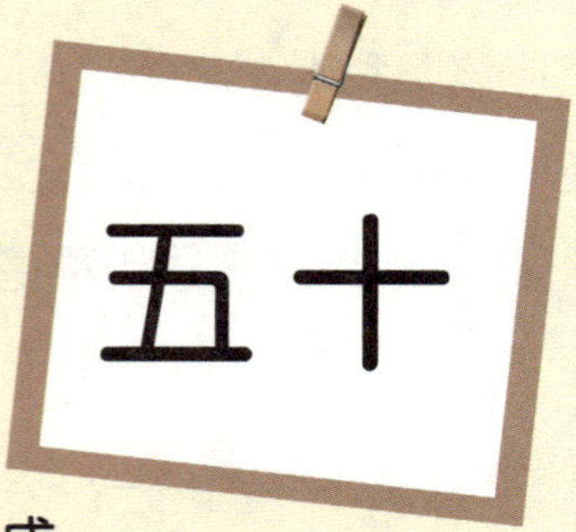

成语：

成语：

成语：

歇后语对对碰

左右两边的成语可以组成四对歇后语，试着来连一连吧。

管鲍之交	各为其主
八仙过海	各显神通
画蛇添足	多此一举
拔苗助长	急于求成

“画”字成语

在下列方格中填上适当的文字，使其横向组成成语。

画		添	
画		点	
画		充	
画		成	

滥竽充数

从前，齐国的国君齐宣王喜欢听音乐，尤其喜欢听人吹竽，所以，他的手下有三百个擅长吹竽的乐师。齐宣王爱摆排场，喜欢热闹，总想在人前显示自己国君的威严，因此，每次听竽都要让这三百个人合奏。

一个叫南郭先生的人听说这件事之后，觉得**有机可乘**，便去找齐宣王，吹嘘自己可以演奏出美妙的音乐，就连鸟兽听了也会**翩翩起舞**，花草

出处 《韩非子·内储说上》："齐宣王使人吹竽（yú），必三百人。南郭处士请为王吹竽，宣王说（悦）之，廪（lǐn）食以数百人。宣王死，湣王立，好一一听之，处士逃。"

释义 竽：形状像笙的古乐器。借指没有真正的才干，而混在行家里面充数，或拿不好的东西混在好的里面充数。

近义词 鱼目混珠　**反义词** 宁缺毋滥

造句 那种滥竽充数、粗制滥造的商品最影响商家的信誉了。

听了也会合着拍子抖动。齐宣王听后，非常高兴，没有验证就痛快地将他编进那支三百人的吹竽队伍中了。

其实，南郭先生根本不会吹竽。每次演奏时，他就捧着竽混在队伍中，人家摇晃身体，他也摇晃身体，人家摇头，他也摇头，装出一副非常投入的样子。就这样，南郭先生蒙混着过了一天又一天，不但没被人识破，还不劳而获地拿着薪水，好不得意。

可惜好景不长，几年之后，爱听合奏的齐宣王去世了，他的儿子齐湣（mǐn）王继位。齐湣王也爱听竽，但他不喜欢合奏，觉得太吵，不如独奏清扬悦耳。于是齐湣王发布了一道命令，要这三百个人做好准备，到时候一个个轮流为他吹竽。乐师们接到命令之后，都非常积极地练习，想一展身手。只有南郭先生**惶惶不可终日**，急得像**热锅上的蚂蚁**一样。他**想来想去**，觉得这次可能没有办法再蒙混过关了，便连夜收拾行李逃走了。

像南郭先生这样**不学无术**、混吃混喝的人，即便骗得了一时，也骗不了一世，终究是要暴露的。而要想取得成功，唯一的途径就是勤奋学习，练就一身过硬的本领。

知识小卡片

稷（jì）下学宫

齐宣王继其祖桓公、父威王，曾在稷下扩置学宫，招揽文学游说之士数千人，任其讲学议论。这里也成为当时各学派荟萃的中心，并逐渐形成一个具有一定倾向的学派，后人称为“稷下学”，其中黄老思想居于主导地位。齐襄王后逐渐衰落。学宫的设置，对开展百家争鸣，繁荣学术起了很大作用。

成语游戏

同字找拼音

阅读下面的成语，判断同样的字在不同成语中的读音。

弹冠相庆	tán　dàn	弹无虚发	tán　dàn
滥竽充数	shù　shǔ	数不胜数	shù　shǔ
才高八斗	dǒu　dòu	斗志昂扬	dǒu　dòu
随声附和	hè　hé	风和日丽	hè　hé

看图猜成语

观察下面的图片，写出对应的成语。

成语：

成语：

成语猜谜

根据左侧的谜面，试着在右侧写出成语谜底。

纸老虎（打一成语）

红烧猪头（打一成语）

最难做的饭（打一成语）

南郭先生吹竽（打一成语）

此曲只应天上有（打一成语）

叶公好龙

出处 汉·刘向《新序·杂事》："叶公子高好龙，……于是天龙闻而下之，……叶公见之，弃而还走……是叶公非好龙也，好夫似龙而非龙者也。"

释义 叶：旧读 shè；好：喜爱。指表面上好像喜爱某种事物，实际上并不是真正喜爱。

近义词 口是心非、表里不一 **反义词** 表里如一

造句 对于看球，他其实是叶公好龙。

沈诸梁，芈姓，名诸梁，字子高，是春秋末期楚国的军事家、政治家。沈诸梁是大夫沈尹戌（xū）的儿子，因为封地在当时的叶邑，因此自称叶公。

叶公刚来叶邑的时候，叶邑常常发生水灾，百姓**苦不堪言**。当时的人们，大多用竹简书写文字。在治理水患时，竹简不方便绘制施工图，叶公只好把沟渠绘在自家的墙壁上。考虑到民间传说中的龙王能够行云施雨，主管一方降雨事物，于是他在每个出水口上都画上龙，并称之为“水龙头”，以此祈求**风调雨顺**。画得久了，叶公也喜欢上了龙，他在自家的房梁、柱子、门窗、墙壁上都雕刻上龙的图样，就连自己的衣服上也绣上了**栩栩如生**的龙的图案。

慢慢地，叶公爱龙的消息传到了天宫之中，天宫中的真龙听说后十分开心，便决定去看看他。这天，龙来到叶公家里，把头伸到叶公家的窗台上探望，长长的尾巴盘旋着伸到了厅堂里。叶公听到动静，就从卧室中走出来一看，结果吓得瞪大了双眼，随后**惊恐万状**地转身就跑了。真龙看到叶公看见自己不但不高兴，反而被吓成这个样子，知道这个人并不是真的喜欢自己，就**兴味索然**地离开了。

像叶公这样的人，嘴上高调地说喜欢，但真正面对的时候却仓皇而逃，这种不务实际的作风是不可取的。在日常生活中，我们一定要实事求是，切勿**表里不一**。

知识小卡片

古人的姓、氏、名、字、号

古人的姓是一种族号，氏是姓的分支。战国后，姓氏合一。名，父母所赋予，供长辈称呼使用。字，在意义上与名相关的名，一般是自己所取，用于同辈相称。号，是“字”的延伸，用于表达自己的志向等。

成语游戏

百家姓填成语

在括号中填入百家姓，组成成语。

（ ）侯将相　　　　围（ ）救（ ）

完璧归（ ）　　　　防微（ ）渐

投桃报（ ）　　　　（ ）钟大（ ）

新（ ）代（ ）　　　　（ ）冠（ ）戴

猜成语

根据文字提示，补充下列成语。

和想要的不一样…………（　）与（　）违

看见就像没看见…………（　）而不（　）

其实不是真喜欢…………叶公（　）（　）

才子无用武之地…………怀（　）不（　）

神话传说填成语

用下列神话传说中的人名和动物名将成语填写完成。

织女　夸父　吉光　睚（yá）眦（zì）

精卫　龙　嫦娥　凤

（　）逐日　（　）必报　车水马（　）　（　）填海

（　）片羽　（　）毛麟角　牛郎（　）　月里（　）

螳臂当车

春秋时期，齐庄公**任人唯贤**，许多人才都投奔齐国，齐国因此**人才济济**，发展得更加强大了。

有一天，天气晴朗，齐庄公坐着马车，带着一群人，**浩浩荡荡**地出去打猎了。行进的路途中，齐庄公忽然看到一只绿色的小虫子横在道路上。这只小虫子挺直腰板，高高地举起自己的钳子，挥舞着，好像准备要跟车轮子大战一场似的。

出处 《庄子·人间世》："汝不知夫螳螂乎？怒其臂以当车辙，不知其不胜任也。"

释义 当：阻挡。比喻不自量力。

近义词 自不量力 **反义词** 量力而行

造句 想以个人力量逆转历史的车轮，简直是螳臂当车。

齐庄公见它身形弱小，竟然还如此有气势，觉得有趣，就命人停下马车，然后问身边的人："这只虫子叫什么？胆量还不小。"

身边的人回答道："陛下，这就是螳螂。这种虫子，不管自己能量强弱，无论遇到什么敌人，都只知道往前冲，不知道往后退，是一种非常**不自量力**的虫子。"

齐庄公仔细地看了螳螂好一会儿，然后高兴地说："很好，这是一个**一往无前**的勇士，我们就不要伤害它了。"于是他让车夫拉转马头，绕开螳螂走了过去。

这件事情被众人传开之后，天下的勇士听说齐庄公对一只勇敢的螳螂都如此爱惜，肯定也会爱惜有勇力的人才，因此都来到齐国，表示愿意为齐庄公效力。

齐庄公因为爱惜螳螂**无所畏惧**的勇气，得到天下勇士的归附，发展壮大了自己的力量。但在后来的演化中，人们用"**螳臂当车**"来形容那些不自量力，试图去做超过自己能力范围之事的人的行为。在现实生活中，人有时候要**量力而行**，当自己处于弱势的时候，要懂得避其锋芒，保全自己，不能一味地莽撞行事。

知识小卡片

齐庄公

齐庄公（？～公元前 548 年），一般指齐后庄公，姜姓，吕氏，名光，春秋时期齐国国君，公元前 553～前 548 年在位。齐庄公即位之前，曾到晋国做人质。继位之后，齐庄公诛杀太子牙和大臣夙沙卫、高厚等人，并且与宋、晋、鲁、卫等国结成联盟，还曾出兵攻取晋国的朝歌。

成语游戏

“车”字成语

在下列方格中填上适当的字，让其横向组成成语。

车			
	车		
		车	
			车

昆虫成语

下列成语中都有昆虫，试着填一填，将其补充完整。

（　）（　）脱壳　　（　）臂当车　　飞（　）扑火　　（　）拥而至

（　）（　）点水　　（　）（　）捕（　），黄雀在后。

成语归归类

将下列成语按要求分成两类，快来试试吧。

班门弄斧　　螳臂当车　　好高骛远　　虚怀若谷　　量力而行　　投卵击石　　不耻下问　　不矜不伐

“不自量力”者：

“谦虚”者：

守株待兔

宋国有个农夫，一年四季都要去田地里劳作。每天早上，天一亮他就要起床，然后扛着锄头出发，傍晚太阳快落山了，才扛着锄头回家，真是辛苦极了！

有一天，农夫正在田地里干活，一只野兔突然从草丛里蹿了出来。野兔看见有人，受了惊吓，就到处乱窜，没想到运气不好，一下子撞到地头的一个树桩上，折断了脖子，死了。农夫见状，赶忙放下锄头，跑过去把兔子捡了起来。看着手里提着的兔子，农夫非常庆幸今天的好运气。

出处 《韩非子·五蠹（dù）》：“宋人有耕者，田中有株，兔走触株，折颈而死，因释其耒（lěi）而守株，冀复得兔，兔不可复得，而身为宋国笑。”

释义 株：露出地面的树木的根和茎。比喻死守狭隘的经验，不知变通。也比喻妄想不通过主观努力而侥幸得到意外的收获。

近义词 刻舟求剑 **反义词** 随机应变

造句 我们要懂得积极进取，守株待兔的行为只能白白浪费时间和精力。

晚上，农夫回到家，把兔子交给妻子，妻子做了香喷喷的野兔肉，一家人**开开心心**地吃了一顿。

第二天，农夫和以前一样来到田地里，只是他不再那么专心地干活了。他时不时地朝草丛里看一眼，或者停下来听一听，看看还会不会有一只兔子蹿出来撞在树桩上。就这样，农夫一整天**心不在焉**地干着活，该锄的地没好好锄，直到天黑，也没等来想要的兔子，最后，只能心不甘情不愿地回家了。

第三天，农夫来到田地里，已经完全没有心思锄地了。他把农具放下，自己坐到树桩旁边的田埂上，睁大了眼睛，就等着野兔自己蹿出来再撞到树桩上。但是又白白地等待了一天。

第四天、第五天……农夫每天都守在树桩旁，希望还能捡到兔子。只是这个愿望一直都没能实现，而农夫地里的野草却越长越高，把庄稼都给淹没了。农夫也因此沦为宋国人的笑柄。

我们要懂得，**一分耕耘**（yún），**一分收获**，天上不会掉馅饼，即使哪天掉馅饼了也是靠不住的。

知识小卡片

《韩非子》

《韩非子》集先秦法家学说大成的代表作，共二十卷，五十五篇，其内容涉及军事、政治、经济、文化等方面，主要阐述了韩非子“法、术、势”的治国之道，影响深远。

成语游戏

兔子的胡萝卜

老师让小兔子从下列六根胡萝卜中选四根能组成成语的胡萝卜做午餐，它怎样选才能吃到美味的午餐呢？

株　死　兔　狗　待　烹

成语：

找不同

下列成语哪一个最与众不同？

不劳而获　坐享其成　坐收渔利

守株待兔　天道酬勤　饭来张口　不稼不穑

不同的成语：

有趣的食物链

生物系统中，食物链环环相扣，在下列成语中填上适当的文字，使所填的文字能够组成食物链。一起来挑战吧！

____木皆兵 → 投____忌器 → 打草惊____ → ____视狼顾

按图索骥

春秋时期，秦国有一个擅长相马的人，名叫孙阳。无论什么样的马，孙阳只要看上一眼，就能分出优劣，于是他常常被人请去相马、选马，因此人们都称他为伯乐。

天下的千里马常常有，但是，像孙阳这样的伯乐却很少。孙阳不希望千里马被埋没，同时希望自己一身的本领能后继有人，于是将自己相马的技巧和经验写成了一本书，并配上各种图，取名《相马经》。

《相马经》图文并茂，详细地描述了千里马的各种特征，书上说：“千里马的主要特征是额头饱满，眼睛大且闪闪发亮，蹄子大且端

出处 《汉书·梅福传》："今不循伯者之道，乃欲以三代选举之法取当时之士，犹察伯乐之图求骐骥于市，而不可得，变已明矣。"

释义 索：寻找；骥：良马。按照图像去寻找好马。比喻拘泥成法办事。多比喻依照线索去寻找事物。

近义词 照本宣科 **反义词** 见机行事

造句 做事不能只会按图索骥，不然效率太低了。

正，就像摞起来的酒曲块一样。"

孙阳有一个儿子，他看到父亲这么厉害，希望自己也有父亲那样的本领，就将父亲的《相马经》背得**滚瓜烂熟**。儿子背熟后认为自己已经掌握了相马的本领，于是拿着《相马经》要去找千里马。

儿子出门后，看见一只大大的癞蛤蟆，于是**高高兴兴**地把癞蛤蟆捉回了家。回到家后，儿子**沾沾自喜**地对父亲说："我找到一匹千里马了，跟父亲书中的描写非常相似。您看，它高高的脑门、大大的眼睛，除了四只蹄子不太像摞起来的酒曲块，别的完全符合千里马的特征。"

伯乐看见儿子带回来的癞蛤蟆，别说千里马了，这连一匹马都算不上。对于儿子这种愚笨的行为，伯乐也没有办法，只能**啼笑皆非**地说："这匹'千里马'倒是活蹦乱跳，只是没办法用来驾车啊！"

历史上，无数实践经验告诉我们，对于这种只知道死读书，机械地**照本宣科**、**按图索骥**的行为，是完全无法作用到实际生活、学习和工作中的。学到一个知识、一项技能的时候，我们还是要懂得理解其本质，灵活变通地应用才好。

知识小卡片

孙阳

孙阳，春秋中期秦穆公之臣，姓孙名阳，善相马，著有我国历史上第一部相马学著作——《伯乐相马经》。其曾荐九方堙（yīn）为秦穆公相马，认为判断是否千里马必须“得其精而忘其粗，在其内而忘其外”，不必拘于雌雄和颜色。

成语游戏

成语对对子

对子，也叫对联，是富有民族特色的语言艺术，通常对仗工整、意思相对。动手试一试，填出下列的成语对子吧！

雪中送炭——（ ）上（ ）花

世外桃源——（ ）中（ ）阁

瓜熟蒂落——（ ）到（ ）成

精卫填海——（ ）公（ ）山

打草惊蛇——（ ）山（ ）虎

狐假虎威——（ ）仗（ ）势

按图索骥——顺（ ）摸（ ）

销声匿迹——隐（ ）埋（ ）

苦中作乐——（ ）里（ ）闲

莺歌燕舞——（ ）语（ ）香

成语小树枝

请在下列括号中填入适当的文字，使“按”字能跟括号内外的内容连接成一个成语。

按
- 部（ ）（ ）
- 图（ ）（ ）
- 兵（ ）（ ）

找“间谍”

下列成语中有一个“间谍”，词性与其他成语都不一样，请你把它找出来填在空白处。

骑马找马　纸上谈兵　按图索骥

照本宣科　生搬硬套　举一反三　缘木求鱼

“间谍”：

刻舟求剑

战国时期，有一个楚国人乘船渡江，船到江心时，楚国人一不小心将随身携带的宝剑掉了下去。他立马伸手去抓，但已经来不及了，宝剑彻底掉进了江中。

船上的人看到之后，都为楚国人感到惋惜。但这个楚国人却不着急，反而**胸有成竹**地掏出一把小刀，在船身上刻了一个记号，并对众人说：“这是我宝剑落水的地方，有了这个记号，就不怕找不回我的宝剑了。”

众人听完他的话，完全不明白他的意思，但看他一脸无所谓的样子，便不再去问了。

船靠岸之后，楚国人从船身刻有记号的地方跳到水中，打算捞出自己掉落的宝剑。但他捞了半天，连宝剑的影子也看不见。他感到非常奇怪，于是**自言自语**道：“宝剑明明是从这个地方落下去的，我还在这个地方做了标记，怎么就找不到了呢？”

众人听到楚国人说完这番话之后，都**不约而同**地哈哈大笑起来，说：“宝剑确实是从船上的这个地方落下的，但船一直在行进，而你的宝剑落入水底之后就静止不动了。船都走到这里了，你通过这个记号来找你的宝剑，怎么能找得到呢？”

出处 《吕氏春秋·察今》:“楚人有涉江者，其剑自舟中坠于水，遽契其舟，曰:‘是吾剑之所从坠。’舟止，从其所契者入水求之。舟已行矣，而剑不行，求剑若此，不亦惑乎。”

释义 求: 寻找。剑落水时在船帮上刻上记号，船停后，从刻记号的地方下水去找。比喻办事刻板、拘泥而不知变通。

近义词 胶柱鼓瑟 **反义词** 通权达变

造句 思想僵化的话，做事的时候就容易惹出刻舟求剑的笑话来。

所以，在我们做事情的时候，一定要有整体意识，讲究方式和方法，不能太过死板，否则就会像这位丢了剑的人一样，用了一个根本没有可能找回宝剑的方法，徒增笑料而已。

知识小卡片

《吕氏春秋》

《吕氏春秋》是先秦杂家代表著作，由战国末秦相吕不韦集合门客共同编写而成。全书二十六卷，内分十二纪、八览、六论，共一百六十篇。内容以儒、道思想为主，兼及名、法、墨、农及阴阳家言，汇合先秦各派学说，为当时秦国统一天下、治理国家提供思想武器。

成语游戏

近义词成语

将下列意思相同的成语用线条连接起来。

骑虎难下	方兴未艾
刻舟求剑	精打细算
量入为出	进退两难
如日中天	缘木求鱼

交通工具填成语

请选择恰当的交通工具，将成语补充完整。

车　　马　　舟　　船

水涨（　）高　　（　）水（　）龙　　破釜沉（　）

“刻舟求剑”里的成语

在下列方框中填上适当的文字，让其横向组成成语。看看你能填出多少种吧！

刻			
	舟		
		求	
			剑

自相矛盾

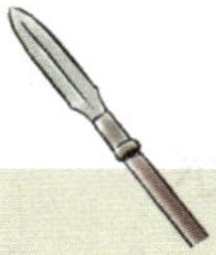

楚国有一个卖盾和矛的人，这一天，他来到市场上叫卖，很多人都围观了过来。

这个人举起自己的盾，向大家夸口道："我的盾，是世界上最坚固的盾，不管多锋利的东西都不能刺穿它！"接着，这个人又拿起一支矛，继续向大家夸口道，"我的矛，是世界上最锋利的矛，不管多坚固的东西，都抵挡不住它。要是被它刺中，马上就会被刺穿。"随后，他**得意扬扬**地大声吆喝着："大家快来看一看啊，这里有世界上最坚固的盾和世界上最锋利的矛。"

就在这时，一个看客上前，他一手拿起一面盾牌，另一只手拿起一支矛，问道："如果用这支矛去刺这面盾牌，结果会怎样？"

"这……"众人都愣了一下，反应过来后，大家**哄堂大笑**，随后就都散开了，那个卖盾和矛的人也灰溜溜地扛着自己的矛和盾走了。

所以，我们说话、做事不能**夸大其词**。夸大其词的后果，往往会让你无法**自圆其说**，成为别人的笑柄，被人轻看。

出处 《韩非子·难一》："楚人有鬻（yù）楯（盾）与矛者，誉之曰：'吾楯之坚，莫能陷也。'又誉其矛曰：'吾矛之利，于物无不陷也。'或曰：'以子之矛，陷子之楯，何如？'"

释义 矛：长矛；盾：盾牌。比喻说话办事前后不一致或互相抵触。

近义词 漏洞百出 **反义词** 无懈可击

造句 警察对他自相矛盾的话产生了怀疑，于是决定从他着手对案件进行调查。

知识小卡片

古代兵器：矛和盾

矛和盾都是古代两种不同的兵器。矛为长杆状，在杆的一端装有青铜或铁的刺锥做枪头，作战时作为进攻武器，可以用来穿刺敌人。盾，也叫盾牌，是一块板状物，作战时用来抵挡敌人刀剑和长矛的进攻。

成语游戏

成语兵器谱

在括号里填上适当的兵器名，组成语。

（　）光（　）影　　　　临阵磨（　）

（　）拔（　）张　　　　归心似（　）

夹（　）带（　）　　　　枕（　）待旦

自相（　）（　）　　　　鬼（　）神工

（　）声（　）影　　　　折（　）沉沙

“对字”填成语

在空格中填上两个立场相对或意思相反的字，组成成语。快来看看你能填多少吧！

不相（　）（　）

（　）材（　）用

声（　）击（　）

（　）腔（　）调

（　）（　）为难

（　）龙（　）脉

（　）（　）维谷

（　）（　）攸关

自相（　）（　）

经（　）纬（　）

地名猜成语

下列所提供的地名都暗含了一个成语，动动手将对应的成语补充完整吧！

海口→夸（　）其（　）

开封→自（　）矛（　）

大同→相（　）无（　）

高雄→鹰（　）长（　）

旅顺→一（　）风（　）

宁波→风（　）浪（　）

重庆→双（　）临（　）

武昌→兵（　）马（　）

掩耳盗铃

春秋时期的晋国，贵族智伯把范氏灭了，有一个人想**浑水摸鱼**，打算趁乱去范氏家里偷点什么。

天黑之后，这个人悄悄来到范氏的宅院中，在院子里看到了一口大钟。这口大钟不仅造型精美、雕刻细腻，还是用上等青铜铸造的。小偷看到

出处 《吕氏春秋·自知》："范氏之亡也，百姓有得钟者，欲负而走，则钟大不可负。以椎毁之，钟况然有音，恐人闻之而夺己也，遽揜（掩）其耳。"

释义 盗：偷。捂住耳朵偷铃铛。比喻自欺欺人。

近义词 自欺欺人 **反义词** 开诚布公

造句 弟弟偷吃零食还抹嘴掩盖的做法，在妈妈眼中无异于掩耳盗铃。

之后非常喜欢，就想把这口大钟偷回家去。但这口钟太大，而且非常笨重，他使出**九牛二虎之力**，也没有移动分毫。他不愿意就这样放弃，**思来想去**，想到了一个好办法——把钟敲碎，不就可以带回家了吗？

接着，小偷找来一把大锤，然后用力砸向了大钟。没想到的是，大锤砸向大钟的瞬间发出了洪亮的声音。钟声悠远绵长，打破了寂静的夜空，小偷顿时吓坏了，心想："这下可麻烦了！"他一着急，就扑到了大钟上，想让钟声停下来。可钟声怎么可能捂一捂就能停下来呢？这个小偷愈加害怕起来，**手忙脚乱**之下，他本能地捂住了自己的耳朵。

捂住自己的耳朵之后，小偷惊喜地发现钟声听不见了，不由得兴奋起来。太棒了，钟声听不见了！他想："要是我把耳朵堵起来再敲这口钟，不就谁都听不见了吗？"于是，小偷高兴地找了两坨棉花，塞住了自己的两只耳朵，欢快地去砸钟了。

小偷一下一下砸起钟来，钟声远远地传了出来。听到钟声的人们**蜂拥而至**，把小偷抓了起来。小偷自以为聪明，其实做了一件十分愚蠢的事情。后来，这个故事演化成"**掩耳盗铃**"这个成语，让我们能够**引以为戒**，做一个遵纪守法、诚恳踏实的人。

知识小卡片

古代的钟和铃

在古代，钟和铃都是乐器。春秋战国时期，编钟是一种宗庙重器，闻名于世的曾侯乙编钟就是典型的代表。铃也是一种乐器，外形像钟但又比钟小，“掩耳盗钟”的故事在传播的过程中，就逐渐演变为“掩耳盗铃”了。

成语游戏

小侦探

成语小家庭中意思相反的两个成语“握手言欢”了，不过还有意思不是相反的一组成语，请将这组成语找出来并填在下面的横线上吧！

一丝不苟——粗枝大叶	博古通今——坐井观天
高瞻远瞩——鼠目寸光	寂然无声——鸦雀无声
异口同声——众说纷纭	掩耳盗铃——肝胆照人

上述不是反义词的一组是：__________

关键词猜成语

根据前面的几个提示词，猜出对应的成语。

- 流水　纳谏
- 河畔　拼命　韩信
- 耳朵　铃声　小偷
- 射箭　树叶　养由基
- 柴草　苦胆　勾践

下台阶

下列每个台阶都有一个成语，请把成语自上而下补充完整。

展		高											
			来										
				祸		相							
						依		傍					
								水	来	土			
											耳	盗	铃

涸辙之鲋

春秋时期有一个著名的大思想家，名叫庄子。庄子专心于学术研究，一生专注于著书立说，并不太注重经营生计，因此**穷困潦倒**，常常因为无米下锅而**饥肠辘**（lù）**辘**。

这不，庄子的家中又一次到了揭不开锅的地步。没有办法，庄子只能硬着头皮去找监管河道的监河侯家去借点儿粮食。监河侯这个人非常小气，于是假惺惺地对庄子说："当然没问题，但是，得等我收到租税之后才能把粮食借给你。你看如何？"

出处 《庄子·外物》："庄周忿然作色曰：'周昨来，有中道而呼者，周顾视车辙中，有鲋（fù）鱼焉。……'"

释义 涸：水干，枯竭；辙：车辙，车轮压的痕迹；鲋：鲫鱼。困在车辙沟里的鲫鱼。比喻处于困境亟待援助的人。

近义词 涸辙之枯　**反义词** 绝处逢生

造句 她在废墟中艰难地等待着，就像涸辙之鲋。

庄子见状，愤怒地说道："昨天，我从家里出发，走了很远的路到你这里来。半路上，我突然听到求救的声音，结果看到车轮轧出的一条沟里有一条小鱼。小鱼躺在沟里，马上就要渴死了，希望我能给它一升半斗的水救命。"

监河侯听了庄子的话，立刻询问道："那你救它了吗？"

庄子冷冷地说道："我当时说：'当然没问题。等我去南方，劝说吴、越两国的君主，让他们把西江里的水引来救你，这样你就可以愉快地游回东海去了。你看如何？'"

听了庄子这番话，监河侯觉得庄子的方法十分荒唐，对庄子说："那怎么可行呢？"

"对啊！那小鱼听了我的主意，当场瞪大了眼睛，气愤地说：'我没有水就活不下去了，现在只希望得到一升半斗的水来救命。等到你引来西江水，我恐怕早就渴死在这里了。到那时，你还不如直接到卖鱼干的店铺里找我呢。'"

生活中，每个人都会有遇到困难，需要别人帮助的时候。假如我们答应了帮助别人，就应该**诚心诚意**，而不应**口是心非**，故意刁（diāo）难对方。

知识小卡片

监河侯

《庄子·外物》中说："庄周家贫，故往贷粟於监河侯。"本是虚拟的一个官名，后因以"监河"或"监河侯"泛指出贷钱物的人。

成语游戏

新组成语

请在下列左侧两个成语的括号中填上相应的文字，并用这两个字组合出一个新的成语。

例：（涸）泽而渔·如出一（辙）→ 涸辙之鲋

相（　）见绌·无（　）无踪 →（　　）

万马奔（　）·闲（　）野鹤 →（　　）

急流勇（　）·扬长（　）短 →（　　）

救小鱼

充分发挥你的想象力，想想下面哪个成语的方法最有可能救在车辙里干渴的小鱼？

1 如鱼得水　2 暴虎冯河　3 趁火打劫

4 临渴掘井　5 扶危济困

成语：

成语磁铁

每块磁铁有南北两极，北极（N）都有一个成语，请你在南极（S）也填上一个成语，意思要与北极的成语相反。

口是心非　雪中送炭　涸辙之鲋　饮水思源

邯郸学步

相传，两千年前的燕国寿陵这个地方有一个少年，他生活优越，长相也还可以，但是缺乏自信，常常感到事事不**尽如人意**，自己总是比不上别人——衣服是别人的好看，饭菜是别人家的香，连走姿站相都是别人的优雅。

一天，他在路上听到有人说邯郸人走路的姿势很优雅，便瞒着家里人，跑到邯郸学走路去了。来到邯郸，寿陵少年在街道上观察人们走路的姿态，越看越感到惊奇。他

出处 《庄子·秋水》："且子独不闻夫寿陵余子之学行于邯郸与？未得国能，又失其故行矣，直匍匐而归耳。"

释义 邯郸：战国时赵国都城；学步：学习走路的姿势。比喻模仿别人不到家，连自己原来会的东西也忘了。

近义词 照本宣科 **反义词** 标新立异

造句 我们在借鉴别人成功的案例的时候，最忌讳邯郸学步、生搬硬套。

看到小孩儿走路，觉得活泼可爱，于是跟着学起来；他看见老人走路，觉得稳重、沉静，也跟着学起来；他看到女子走路，觉得妖娆多姿，还是跟着学。就这样，过了半个月，他还是没有学会邯郸人走路的姿态。思考之后，他觉得是自己原来走路的习惯干扰了自己，于是决定放弃原来走路的习惯。

不过，在学了一段时间之后，他发现，自己不但没有学会邯郸人走路的姿态，连过去是怎么走路的都忘了。所以，到最后他打算放弃回老家去的时候，只能是爬着回去了。

现实生活中，我们也要谨记：如果我们只知道**生搬硬套**，机械地模仿别人，不但学不到别人的长处，反而会把自己的优点和本领也丢掉。

知识小卡片

古都邯郸

邯郸，战国时赵国的都城。位于河北省南端，东接华北平原，西倚太行山脉，是鲁、豫、晋、冀四省要冲，地处中原腹地，有重要的战略意义。后赵、东魏、北齐、后唐等都曾定都邯郸。“邯郸”二字，作为地名沿用三千年不改，历史悠久，给我们留下了许多历史故事与典故，如“围魏救赵”“坚壁清野”“邯郸学步”等。

成语游戏

看图猜成语

观察下面图片中人物的动作，写出对应的成语。

成语：

地名组成语

请将下列以地名开头的成语填写完整。

庐	山		
洛	阳		
邯	郸		
阳	春		

古人学习是很勤奋的，请根据语言提示，猜出相应的成语，并填在空白处。

你说我猜

1. 家里没灯，墙上凿个洞向邻居借光读书。
2. 努力学习，都忘了吃饭、睡觉的事。
3. 学人走路没学成，怎么走路都忘了。
4. 用布袋装着萤火虫照亮读书。

对牛弹琴

战国时期，有一个叫公明仪的音乐家，会作曲、能演奏，他最擅长的是七弦琴。他弹出来的曲子高雅、优美又动听，大家都喜欢听他弹琴。因此，人们很敬重他。

公明仪不但经常在室内弹琴，如果天气不错，还喜欢带上琴，去郊外弹奏。这一天，他像往常一样来到郊外，只见这里**春风徐徐**、杨柳飘飘，一头黄牛正在草地上低头吃草。公明仪兴致一来，就摆好琴，拨动了琴弦。他对着这头牛弹了高雅

出处 汉·牟（móu）融《理惑论》：“公明仪为牛弹清角之操，伏食如故。非牛不闻，不合其耳矣。”

释义 比喻对愚蠢的人讲高深的道理。现在有时也用来指说话做事不看对象。

近义词 白费口舌 **反义词** 有的放矢

造句 跟他这个只注重商业利益的人谈论诗词歌赋，简直就是对牛弹琴。

的乐曲《清角》，但老黄牛却站在那里**无动于衷**，只知道低头吃草。

公明仪想，可能是这支曲子太难了，应该换个曲调，弹弹小曲。可谁知换了曲子之后，老黄牛依旧毫无反应，继续悠闲地低头吃草。公明仪拿出看家本领，弹奏了最擅长的曲子，老黄牛除了偶尔甩甩尾巴，赶走蚊虫，依旧低头**闷不吭**（kēng）**声**地吃草。最后，老黄牛慢悠悠地晃着步伐，换个地方去吃草了。

公明仪见老黄牛始终没有反应，心中感到失落。人们便安慰他，说：“您不要生气，不是您弹的曲子不好听，是您弹的曲子不对牛的耳朵啊！”公明仪只好叹着气，抱着琴回去了。

《增广贤文》里说过这样一句话：“知音说与知音听，不是知音莫与谈。”意思是说：有些话，只能说给懂的人听；不懂的人，就不要和他说了。就像公明仪，他的琴音再高雅、再动听，牛也是听不懂的。

知识小卡片

五音

我国古代的音律分为宫、商、角（jué）、徵（zhǐ）、羽，相当于今天首调唱名法中的do、re、mi、sol、la（少了半音递升的fa和si）。“宫”音相当于“do”，为五音之首，统帅其他音符。“商”音相当于“re”，为第二级音符。“角”音相当于“mi”，为第三级音符。“徵”音相当于“sol”，为第四级音符。“羽”相当于“la”，为第五级音符。

成语游戏

动物成语

下列都是关于动物“牛”的成语，试着补充完整。

汗牛充（ ）　　对牛（ ）琴　　（ ）牛入海

吴牛（ ）月　　庖丁（ ）牛　　气（ ）斗牛

五音乐园

下列是我国古代音律中的五个音，请将它们从“五音乐园”中提出来填到括号中，将成语补充完整吧！

宫　商　角　徵　羽

含商咀（　）　　（　）彝周鼎

（　）扇纶巾　　以宫笑（　）

蟾（　）折桂

乐器成语

请写出含有下列乐器名的成语。

琴 → （　　）　　钟 → （　　）

鼓 → （　　）　　竽 → （　　）

你还能想出哪些含有乐器名称的成语呢？

东施效颦

春秋时期，越国有一个美女，名叫西施。西施不仅美若天仙，而且**举手投足**无不惹人喜爱。西施平时衣着朴素，略施淡妆，但不管走到哪里，都有人被她的美貌折服，常常痴痴地看着她。

不过，美貌的西施患有心口疼的毛病。有一天她走在路上，心口疼的毛病又犯了，疼痛难忍的她用手捂住胸口，眉头也因为疼痛微微地蹙（cù）了起来。不经意间，西施流露出一种娇媚、柔弱的美感来，看到这一幕的人无不睁大眼睛，惊为天人，人们还把这种美称作“西施捧心”。

乡下有一个样貌丑陋的女子，名叫东施，平时的言行举止也很粗俗，但她想做像西施那样的美人。她见西施捂着胸口、蹙着双眉的样子让那么多人为之倾倒，就在家里也学着西施的样子，手捂胸口，紧蹙眉头。不仅如此，东施一边学着西施捧心的样子，一边在村里**走来走去**。但她不知道的是，她没有西施的容颜，也没有西施的柔美，学了西施的样子之后变得更加诡异、更加丑了。人们看到**怪模怪样**的东施，就像看见了鬼一样，丈夫吓得拉着妻子跑了，父亲吓得蒙住孩子的眼睛抱着孩子也跑回家去了。人们四散逃开，都躲她远远的。

世界上的每一个人都有自己的特点，就像每一朵花都**独一无二**，东施看到西施捧心皱

出处 《庄子·天运》："故西施病心而矉（颦）其里，其里之丑人见之而美之，归亦捧心而矉其里。其里之富人见之，坚闭门而不出；贫人见之，挈妻子而去之走。彼知矉美，而不知矉之所以美。"

释义 效：效仿；颦：皱眉头。比喻不知道人家好在哪里，自己又没有条件而盲目效仿，效果反而适得其反。

近义词 弄巧成拙、邯郸学步 **反义词** 独出心裁

造句 每个人都有自己的魅力，不需要用东施效颦的方法去展现自己的美丽。

眉的样子很美，就生硬地模仿，不仅吓到了别人，还落得被人嘲笑的下场。所以，我们在懂得欣赏别人的美的同时，也要懂得欣赏自己的美，懂得**扬长避短**，努力增长自己的智慧，用正确的方式展现自己的美。

知识小卡片

西施

西施，又称“西子”，春秋末越国苎萝（今浙江诸暨南）人，以貌美著称。夫椒之战越国失败后，由越王勾践献于吴王夫差。传说吴亡后，与范蠡入五湖而去，不知所终。

成语游戏

关键信息填成语

中国古代有四大美女，民间流传着有关她们的美貌的故事，这些故事演化出两个形容女子容貌美丽的成语。请根据下面的提示，猜一猜分别是哪两个成语吧！

西施浣纱，王昭君出塞 → （　　　　）

貂蝉拜月，杨贵妃赏花 → （　　　　）

妙语连珠

下面是一条双环项链，请在空白的珠子中填上文字，按照箭头的方向做成语接龙。快来看看你能不能把这条项链填完整吧！

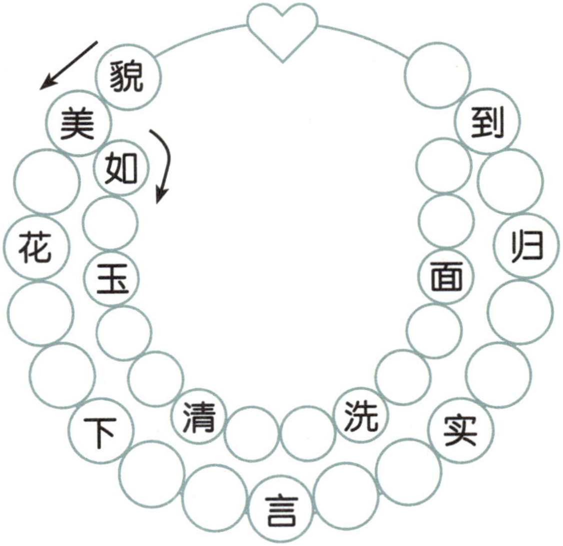

成语搭配

请将左右两边搭配恰当之后，用线连起来。

看得	眉飞色舞
喝得	筋疲力尽
忙得	焦头烂额
累得	粉身碎骨
喜得	烂醉如泥
摔得	眼花缭乱

杯弓蛇影

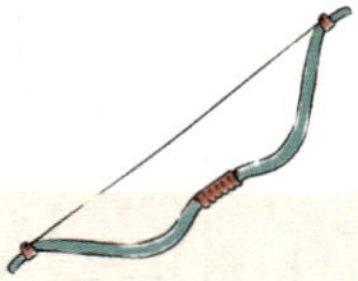

西晋时期，有一个官员，名叫乐广。乐广有一个好朋友，经常会到家里来做客，找他聊天。但很长时间过去了，乐广的这位朋友也没有来找他。乐广心中惦念，就决定去朋友家中看望他。

乐广来朋友家中之后，发现朋友面色蜡黄，半躺着靠在床上，像得了什么大病一样。于是赶忙询问病因，可是发现朋友却**吞吞吐吐**的，什么也不肯说。再三询问之后，朋友无奈地说出了实情。

原来，朋友上一次在乐广家喝酒，看到酒杯里舞动着一条青皮红花的小蛇，虽然当时感到非常恶心，但出于礼貌，还是闭着眼喝了下去。只是，这个朋友回家之后，总觉得自己肚子里有条小蛇在乱窜，就什么东西也吃不下去了。

乐广暗自琢磨："酒杯里哪里来的蛇呢？"回到家中，乐广在客厅中**踱来踱去**，思考这个问题，抬头之间，忽然看到墙上挂着一张用来射雕的弓，这张弓青漆红纹，乐广看得心里一动。随后，乐广斟了一杯酒放到桌子上，移动酒杯仔细观察，看到那张弓的影子清晰地投到了酒杯中，随着酒液晃动，那影子好像一条青皮红花的小蛇在游动一样。这下，总算是**真相大白**了。

第二天，乐广把朋友接到家中，仍旧让朋友坐在上次的位置上。他为朋友斟了满满一杯

出处 《晋书·乐广传》："……于时河南听事壁上有角，漆画作蛇，广意杯中蛇即角影也。"

释义 把酒杯中的弓影当成了蛇。比喻因疑神疑鬼而自惊自怕。

近义词 草木皆兵 **反义词** 若无其事

造句 他胆子很小，常常杯弓蛇影，自己吓自己。

酒，问道："您看看酒杯中有什么？"朋友低头一看，马上惊叫起来："蛇！蛇！青皮红花小蛇。"乐广指着墙壁上的弓，大笑道："您看看那是什么？"朋友看看弓，又看看杯中的"蛇影"，**茅塞**(sè)**顿开**，顿时觉得浑身轻松了许多。心病全消之后，朋友也能吃下饭了，身体也就慢慢好了。

如果不是乐广找到原因，为朋友解了惑，他的朋友恐怕只能在恐惧中活活饿死了。所以，当有什么东西困扰着我们，令我们感到恐惧的时候，要勇敢地去寻求真相，消除疑虑。不然，每天**疑神疑鬼**，什么事情也做不好。

知识小卡片

弓

弓是抛射兵器中最古老的一种弹射武器。它由富有弹性的弓臂和柔韧的弓弦构成，当把拉弦张弓过程中积聚的力量在瞬间释放时，便可将扣在弓弦上的箭或弹丸射向远处的目标。

成语游戏

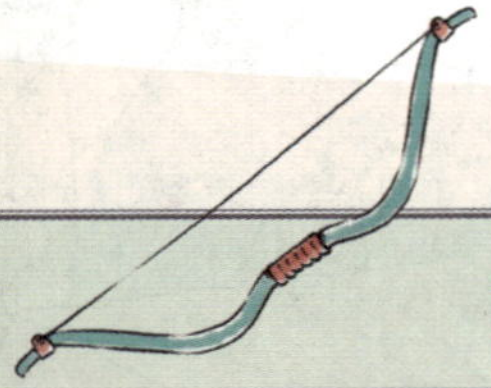

武器成语

请写出含有下列武器名的成语。

弓	刀
棒	剑

看图猜成语

观察下面的图片，写出对应的成语。

成语：

成语：

成语：

量词填成语

动动手，用恰当的文字将下列成语补充完整吧！

一（　）不苟

单（　）匹马

一（　）之词

乐不可（　）

（　）弓蛇影

（　）灯结彩

（　）分（　）析

（　）（　）是道

黔驴技穷

黔中道这个地方在很久以前是没有驴的，后来有一个多事的人用船运来了一头驴。把驴运到这个地方后，这个人感觉到这头驴其实没有什么用处，就把它放在了山下。

一天，一只老虎从这里经过，看到了这头驴。

由于老虎从小生长在这个地方，从来也没

出处 唐·柳宗元《三戒·黔之驴》："……他日，驴一鸣，虎大骇，远遁，以为且噬己也，甚恐。然往来视之，觉无异能者……稍近，益狎，荡倚冲冒，驴不胜怒，蹄之。虎因喜，计之曰：'技止此耳。'"

释义 黔：今贵州省一带；穷：尽。比喻极其有限的一点本领已经使用完了。

近义词 江郎才尽　**反义词** 大显神通

造句 这次他真的黔驴技穷了，尝试了很多方法都没能解决眼前的困境。

有见过驴，所以看到这个大家伙的时候，并不知道它是什么，就把它当作神奇的动物来看待。于是，老虎躲藏到树林中，偷偷地观察这头驴。

看这头驴就只是**安安静静**地吃草，老虎就慢慢地走了出来，开始靠近了看，可这头驴还是只顾着低头吃草。老虎正想再靠近，这头驴忽然长鸣一声，老虎听到之后撒腿就跑，以为这大家伙要吃了自己，心中非常恐惧。跑远了的老虎见那大家伙没有追上来，就停下来喘气休息。休息好之后，老虎又慢慢靠近驴子，偶尔还试探着骚扰一下它。几次三番的试探之后，老虎发现那头驴子每次都只是嗷嗷叫两声，然后继续低头吃草。见此，老虎就更大胆了。

老虎**大大方方**地走到驴子身边，虽然不敢和驴子展开搏击，但它围绕着驴子，时不时就激怒一下它。驴子被老虎弄得烦不胜烦，终于忍不住愤怒地踢了老虎一脚。这一次，被踢的老虎不但没有跑开，反而兴奋起来，想到："驴子的本事也不过如此嘛！"于是，老虎跳起来，扑向了驴子，朝着驴子的喉咙咬了下去，美美地饱餐了一顿。

由此可见，在学习的时候，我们要学习过硬的本领，这样才能真正地强大自己，走到哪里都不用害怕。

知识小卡片

黔

黔，即唐代黔中道，治所在今重庆彭水县，辖地相当于今彭水、酉阳、秀山一带和贵州北部部分地区。现以“黔”为贵州的别称。

成语游戏

成语接龙

试一试，完成下面的接龙游戏。

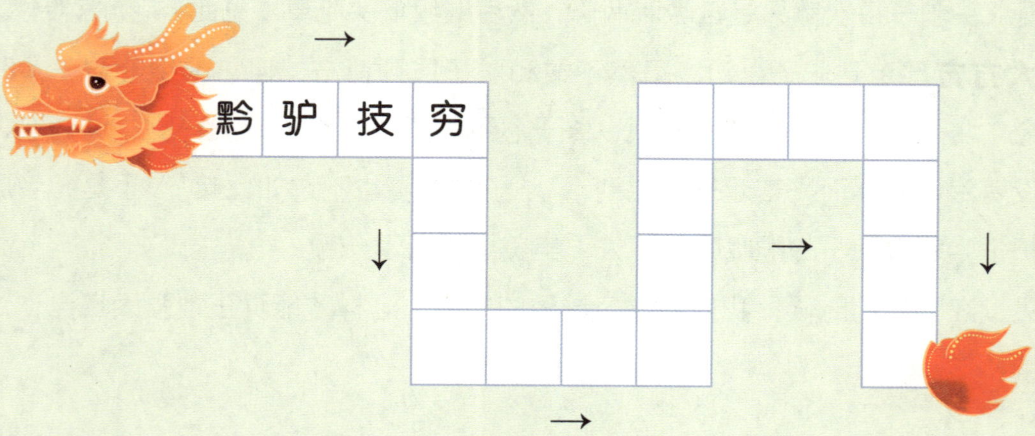

动物填成语

选择恰当的动物名填到括号中，将成语补充完整。

（ ）（ ）不宁　　　　（ ）发童颜

（ ）食（ ）吞　　　　如（ ）得水

成语阶梯

试着在空格中填上适当的字，
让每个台阶组成一个成语。

			穷			
			则			
			思			
			变			

买椟还珠

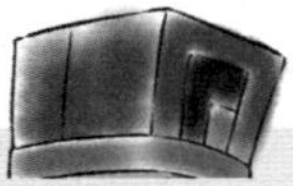

春秋时期，楚国有一个非常善于做生意的珠宝商人。有一天，这个珠宝商人得到了一颗珍贵的珍珠，为了能将珠子卖个好价钱，他决定定做一个漂亮的盒子（也就是椟）来配它。因此，他找来上好的木料，找到手艺高超的匠人，做了一个漂亮的盒子。这个盒子上精雕细刻了很多好看的花纹、镶上了漂亮的金属花边，然后再用桂椒等香料把盒子熏得香气扑鼻，让整个盒子看上去闪闪发光，就像一件精美的艺术品。

做完这一切之后，珠宝商人**小心翼翼**地将珍珠放进盒子里，然后拿着它到市场上去售卖。

果然，商人的这件商品引起了人们的兴趣，许多人都围上来观赏，其中就有一个郑国人。郑国人拿起盒子**翻来覆去**地看，越看越喜欢，于是便出高价钱将它买了下来。

付过钱之后，郑国人一边欣赏着手里的盒子，一边往回走。可是，没多大一会儿，商人就见郑国人拿着盒子返回来了。商人以为郑国人后悔了，要来退货，谁知郑国人却把那颗珍贵的珍珠交还给了他，随后低着头欣赏着木盒子离开了。

珠宝商人看着被郑国人退回来的珍珠，一时竟不知如何是好，呆愣在了那里。他为珍贵

出处 《韩非子 · 外储说左上》："楚人有卖其珠于郑者，为木兰之柜，薰以桂椒 (jiāo)，缀以珠玉，饰以玫瑰，辑以翡翠，郑人买其椟 (dú) 而还其珠。"

释义 椟：木匣；还：退回；珠：珍珠。买下匣子，而把匣子里的珍珠归还卖主。比喻没有眼光，不识货，取舍不当。

近义词 舍本逐末　**反义词** 去粗取精

造句 不懂玉的人买玉，很容易被表象迷惑，做出买椟还珠的事情来。

的珍珠配了个漂亮的盒子，没想到盒子太过精美，以至于**喧宾夺主**。人们看到漂亮的盒子，被迷惑了双眼，遗忘了真正有价值、珍贵的珍珠。

现实生活中，这样的例子**比比皆是**。人们很容易被事物的表象所迷惑，却忽略了真正有价值的珍珠一样的人和事物。所以，我们要记得，不能以貌取人，要能够看到事物的本质。只有这样，才能在人生的道路上拾取真正的珍珠，而不是**虚有其表**的木盒子。

知识小卡片

珍珠

珍珠是一种古老的有机宝石，主要产于珍珠贝类和珠母贝类软体动物体内。珍珠为贝类内分泌作用而生成的含碳酸钙的矿物珠粒，由大量微小的文石晶体集合而成的。珍珠种类丰富，形状各异，色彩斑斓，很早就被用作首饰。我国南海北部湾的合浦、遂溪、东莞等地都是古代珍珠开采的集中地。

成语游戏

成语猜猜看

请根据文字提示，猜出对应的成语。

掌上明珠

妙语连珠

鱼目混珠

字字珠玑

1. 说话有文采，佳句频出。
2. 每一句话都充满哲理。
3. 放在手心，视如珍宝。
4. 鱼眼睛混在珍珠里。

成语回环

在下列正方形的方框中填入适当的文字，使其能够按箭头方向组成成语。

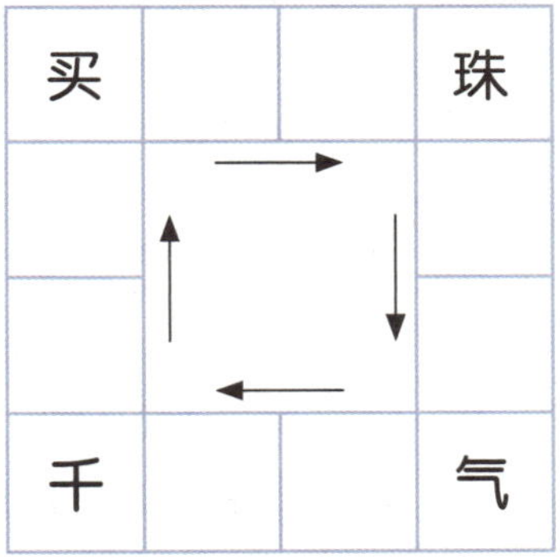

十字方阵

在下面的空格内填入适当的字，按箭头所指的方向组成四字成语。快来试试看吧！

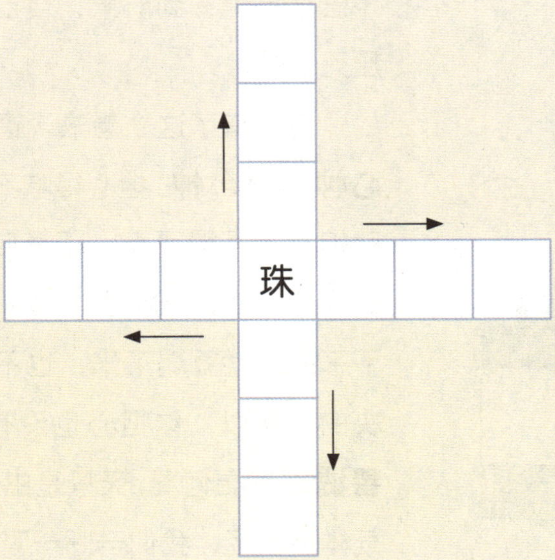

杞人忧天

从前，有一个杞国人，他常常会被自己的一些忧虑困扰得**苦不堪言**。这不，有一天，他看着天空，忽然想到："万一哪天天塌下来了怎么办啊？到时候，自己岂不是要被活活压死了吗？"

自从有了这个想法，这个杞国人整天**忧心忡**(chōng)**忡**，担心得吃不好饭、睡不好觉，就怕哪天天塌下来，压着自己。朋友见他如此忧愁，就去开解他，对他说："天是不会塌下来的。就算塌下来，也不是你一个人能解决的，所以，你担心也没有用。"接着**循循善诱**道，"更何况，天只是由一些气体组成的，气体那么轻，我们一呼一吸、**一举一动**不都

出处 《列子·天瑞》："杞国有人忧天地崩坠，身亡所寄，废寝食者。"

释义 杞：古国名，在今河南杞县；忧天：担心天会塌下来。一个杞国人老是怕天掉下来。比喻完全不必要的或没有根据的忧虑和担心。

近义词 庸人自扰　**反义词** 无忧无虑

造句 小王总是杞人忧天地认为世界末日马上就会到来。

是在气体中吗？所以根本不用担心。"

杞国人听了朋友的话，又问："如果天是大气组成的，那太阳、星星和月亮就不会掉下来了吗？"

因为那时候的人认为，天上的星辰万物也都和天空一样，是由一团团的气组成的，只是有的会发光，有的不会发光。朋友就回答杞国人，说："太阳、星星和月亮，也都只是一些会发光的气体聚集而成的，就算掉下来也伤不到人。"

尽管朋友这样开导他，杞国人还是听不进去，每日忧心忡忡，一会儿担心天会塌下来，一会儿担心太阳、星星和月亮会掉下来。年复一年，天不仅没有塌，日月星辰也还好好地挂在天上，但杞国人因为忧虑过度，身心经受不住，去世了。

"天下本无事，**庸人自扰**之。"很多人担心这个、担心那个，整天**惶恐不安**，承受着巨大的压力与痛苦，却不肯积极、向上地生活，以实际行动为自己的生活做出突破和改变，最终**碌碌无为**、忧愤郁卒而死。多么可悲，多么可叹。所以，我们要积极、阳光地面对生活，勤奋、努力地学习和工作，用实际行动来让自己**一往无前**、**无所畏惧**。

知识小卡片

杞国

古国名，在今河南杞县。公元前 11 世纪周分封的诸侯国，相传开国君主是夏禹后裔东楼公。初在雍丘（今河南杞县），杞成公迁缘陵（今山东昌乐东南），杞文公迁淳于（今山东安丘东北）。公元前 445 年为楚所灭。

成语游戏

看图猜成语

看看图中人物动作，猜猜这是哪个成语。

成语：

成语“合龙”

请将下列左右两边能够组成成语的内容，用线条连接起来。

杞人	买履
郑人	纸贵
泰山	忧天
洛阳	北斗

“人”字成语

在下列方格中填上适当的文字，让其从左到右组成成语。

	人		
	人		
	人		
	人		

郑人买履

春秋时期，有一个郑国人，因为鞋子已经又破又旧了，于是他想到集市上买一双新的。古时候的人买鞋，会先用一根绳子量好脚部的尺寸，再拿着绳子到集市上，比画着买尺码合适的鞋。这个郑国人用绳子量完自己脚部的尺寸之后，顺手将绳子放在了旁边的座位上。

到赶集这一天，一大早，郑国人就**匆匆忙忙**地出门了，来到集市上之后，找到卖鞋的摊子，

出处 《韩非子·外储说左上》："郑人有欲买履者，先自度其足，而置之其坐，至之市，而忘操之。已得履，乃曰：'吾忘持度。'反归取之，及反，市罢，遂不得履。人曰：'何不试之以足？'曰：'宁信度，无自信也。'"

释义 履：鞋。指只知生搬教条而不参考实际情况的做法。

近义词 生搬硬套　**反义词** 知机识变

造句 她不看适不适合就购买大家都追捧的衣服款式，和郑人买履没什么区别。

就挑选自己喜欢的款式。选中之后，郑国人打算拿出绳子比画尺码，可他忽然发现，自己忘记带量尺码的绳子了。于是，他只好匆匆忙忙返回家中，拿了绳子之后再来到集市上。

可是，等他**气喘吁吁**、满头大汗地回到集市的时候，集市已经散了，卖鞋的人也已经收摊走了。他看着手里的绳子，露出了难过的神色。别人问他怎么了，他将事情的原委说了一遍。问他的人感到非常奇怪，就说："你用自己的脚试一试不就可以了吗？为什么还要跑那么远回去拿绳子？"郑国人却固执地摇摇头，说："不行！这是我的原则，我只相信量好的尺寸，没办法相信自己的脚。"

众人听了郑国人说的话，都**无可奈何**地笑了起来。

明明量的是脚的尺寸，可郑国人却只相信量出来的尺寸，不相信真正要穿鞋的脚，就像很多人只相信死板的规则和数据，却对实际情况**视而不见**。在日常生活中，如果我们像郑国人买鞋这样做事情，相信碰壁了也找不出原因来。所以，我们的思想不能僵化，要懂得根据实际情况，灵活变通，才能有效地解决问题。

知识小卡片

郑国

周朝姬姓诸侯国。都城初为畿内郑邑（今陕西省渭南市华州区），公元前774年（周幽王八年，郑桓公三十三年）迁都于虢郐之间，后建都河南新郑。

成语游戏

古代国名填成语

下列给出六个国家的国名，请用它们填写成语吧。

齐　燕　韩　赵　楚　秦

莺歌（　）舞　　四面（　）歌

万马（　）喑　　完璧归（　）

（　）晋之好　　（　）海苏潮

“市集”填成语

在下列方格中填上适当的文字，
让其横向可以组成成语。

			市
			市
			市
			市
			市

成语现实应用

从给定的成语中，选择恰当的成语，将下列句子填写完整。

悬壶济世　童叟无欺　有教无类　鞠躬尽瘁　一本万利　郑人买履

1. 面对不同的学生，都应该______。
2. 古代读书人认为，如果不做一个丞相，就做一个大夫，去______。
3. 诸葛亮为了国家，______，死而后已。
4. 商家常常喜欢做______的事情，但生意要想红火，还得______才行。
5. 处事要灵活机变，不能像______一样死守刻板的教条。

朝三暮四

战国时期，宋国有一个养猴子的老人。因为“狙”在古代指一种猴子，因此，人们都称这个老人为狙公。狙公在自家院子里养了好几只猴子，每天都亲自喂食、照顾，时间久了，狙公和猴子之间竟然可以交流了。

几年之后，狙公家里的经济条件越来越差，但猴子的数量却越来越多。这一年，年景不好，

出处 《庄子·齐物论》："狙（jū）公赋芧，曰：'朝三而暮四。'众狙皆怒。曰：'然则朝四而暮三。'众狙皆悦。名实未亏，而喜怒为用，亦因是也。"

释义 原比喻使用诈术，进行欺骗。后比喻常常变卦，反复无常。

近义词 朝秦暮楚　**反义词** 始终如一

造句 那种朝三暮四的人是不值得信任的人。

粮食歉收，但猴子每天的早餐和晚餐都要吃掉四颗橡子。狙公的压力有点儿大，便想把一天的八颗橡子改为七颗，于是狙公跟猴子们商量说："今年收成不好，粮食不够了。从今天起要节约粮食，早上给你们三颗橡子，晚上给你们四颗，你们觉得怎么样？"

猴子们听了狙公的话，心想："怎么少了一颗？"都非常生气，吱吱大叫，到处乱窜着表示反抗。看到这个情形，狙公连忙改口说："这样吧，每天早上给你们四颗，晚上再给你们三颗，这样总该行了吧？"

猴子们一听："由三颗变四颗，比晚上还多一颗。"纷纷高兴地在地上**滚来滚去**，认为自己取得了胜利。殊不知，早上四颗、晚上三颗，和早上三颗、晚上四颗，根本就没有区别，狙公给出的看似良好解决方案只是**换汤不换药**罢了。

通过这个故事我们明白，当我们在跟人相处的时候，要保持清醒的头脑，警惕别人"**朝三暮四**"的手段，也要懂得**以诚待人**，不要用"朝三暮四"这一套对待别人。因为只有以诚待人，才能换来别人的真心相对。

知识小卡片

橡子

橡，栎属树种的通称，世界各地多有种植。橡子，即其果实。在全世界数百种橡子中，有许多都可以作为动物的饲料，但只有少数可作为人类的食物。

成语游戏

看图猜成语

观察下面的文字图，写出对应的成语。

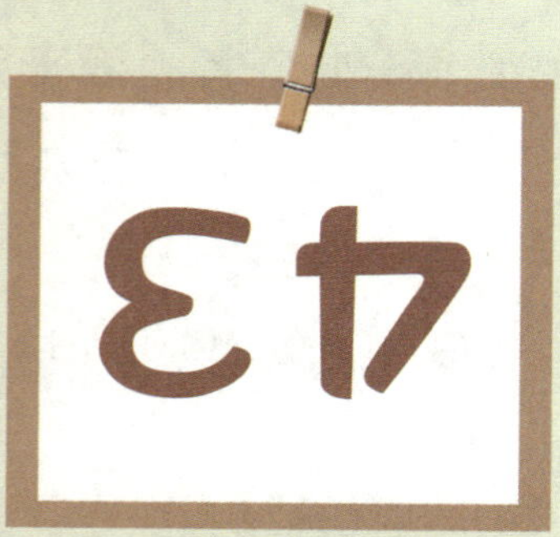

成语：

成语：

找密码

小猴子忘记家里的防盗门密码了，但小猴子说，妈妈已经把密码暗藏在下列成语中了，成语中的数字按顺序排出来就是密码。让我们帮小猴子看看这组密码是多少吧！

（ ）死一生　　（ ）鼓作气　　（ ）全其美

（ ）顾茅庐　　九牛（ ）毛　　（ ）面玲珑

密码：____________

成语加减法

在下列括号中填入适当的汉数，使其与括号外的内容组成成语，并使等式成立。

（ ）羊开泰
⊕ （ ）应俱全
（ ）面楚歌

（ ）面玲珑
⊖ （ ）彩缤纷
（ ）山五岳

五十步笑百步

梁惠王喜欢调动百姓与周边国家打仗。

有一次，他召见孟子，问道：“我坐在这个位置上，对国家的治理算得上**尽心尽力**了。河内（今河南黄河以北的地区）常常因为发生灾荒缺少粮食，我就把那里的一部分国民迁移到富足的河东去，并从富足的地区把粮食运来，让他们不至于饿死。在河东遇上灾年，缺少粮食的时候，我也是这么做的——把其他地方的粮食运来，为老百姓疏困。你看，邻国的当政者，没有哪一个像我一样尽心尽力的。可是，邻国的百姓却没有减少，我的百姓也没有增多，为什么呢？”

孟子回答道：“大王喜欢打仗，我就用战场上的情况来做比喻吧。战场上，两军对垒，战斗一打响，战鼓雷鸣，作战双方**短兵相接**，都奋勇冲杀。经过激烈的拼杀之后，胜的一方**穷追猛打**，败的一方**丢盔弃甲**。那些逃跑的士兵中，有的跑了一百步才停下来，有的跑了五十步就停下来了。但是，跑了五十步的士兵，却嘲笑跑了一百步的士兵是胆小鬼。您认为这种嘲笑对吗？”

出处 《孟子·梁惠王上》：“或百步而后止，或五十步而后止。以五十步笑百步，则何如？”

释义 战败时后退五十步的讥笑后退一百步的。比喻缺点或错误性质相同，只是程度轻重不同。

近义词 半斤八两　**反义词** 天壤之别

造句 你迟到了，别人也迟到了，就不要五十步笑百步了。

梁惠王说：“当然不对！虽然只跑了五十步，那也是**临阵脱逃**。”

孟子说：“大王既然明白其中的道理，就没必要再去期待您的百姓会有所增加了。”

我们看待事物，要纵观全局看本质，不能只看表象和局部。邻国的国君没有好好地爱护自己的百姓，梁惠王虽然给百姓一些**小恩小惠**，但他喜欢调动百姓与周边国家打仗，仍然属于不爱护自己的百姓的国君。所以，他们都无法真正获得百姓的爱戴，自然都不会有人前来归附，做他们的臣民。

知识小卡片

击鼓鸣金

古代两军作战时，通常用声音作为信号来发号施令，击鼓则进，鸣金则退。进攻时，战鼓擂动，鼓声振奋，可以提高士气。金，指钲，古代的一种乐器，用铜制成。

成语游戏

成语接龙

试一试，完成下面的接龙游戏。

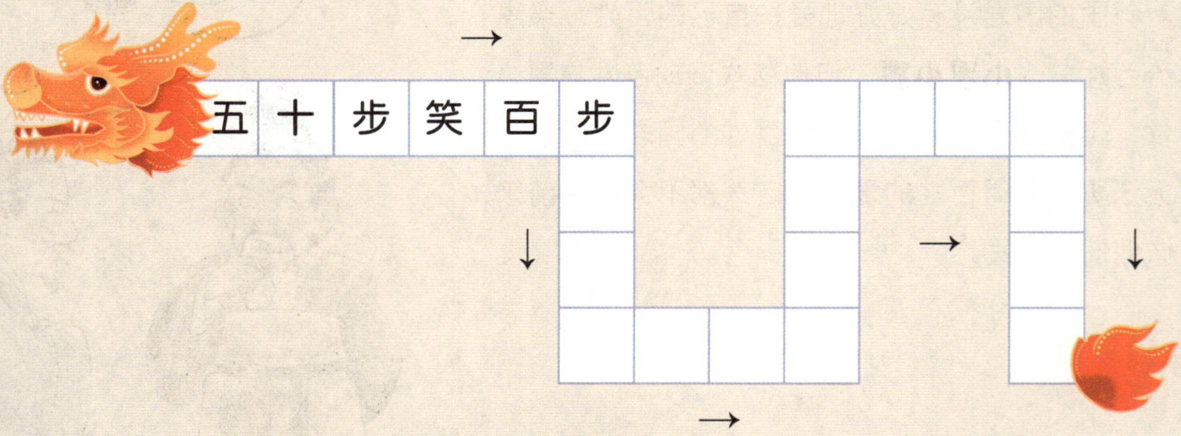

成语天平

从提供的成语中，选一个放到天平的右侧，让成语天平平衡起来吧！

岌岌可危　　五十步笑百步　　水中捞月　　神采飞扬

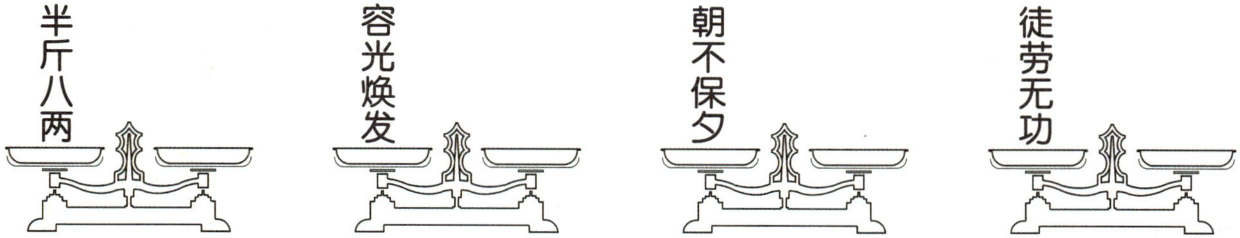

数字成语

在下列空白的方格内填入适当的文字，横向组成成语。

四		八	
五		四	
一		二	
十		九	

图书在版编目 (CIP) 数据

成语应该这样学. 2. 2, 读寓言故事学成语 / 刘德水主编. -- 北京 : 民主与建设出版社, 2022. 9
ISBN 978-7-5139-3926-3

Ⅰ. ①成… Ⅱ. ①刘… Ⅲ. ①汉语 - 成语 - 故事 - 青少年读物 Ⅳ. ①H136. 31-49

中国版本图书馆CIP数据核字(2022)第144306号

成语应该这样学②·读寓言故事学成语

CHENGYU YINGGAI ZHEYANG XUE ② DU YUYAN GUSHI XUE CHENGYU

主　　编 刘德水
责任编辑 程　旭
封面设计 赵淑玲
出版发行 民主与建设出版社有限责任公司
电　　话 （010）59417747　59419778
地　　址 北京市海淀区西三环中路 10 号望海楼 E 座 7 层
邮　　编 100142
印　　刷 朗翔印刷（天津）有限公司
版　　次 2022 年 9 月第 1 版
印　　次 2022 年 9 月第 1 次印刷
开　　本 880 毫米 ×1230 毫米　1/24
印　　张 8
字　　数 100 千字
书　　号 ISBN 978-7-5139-3926-3
定　　价 98. 00元（全2册）